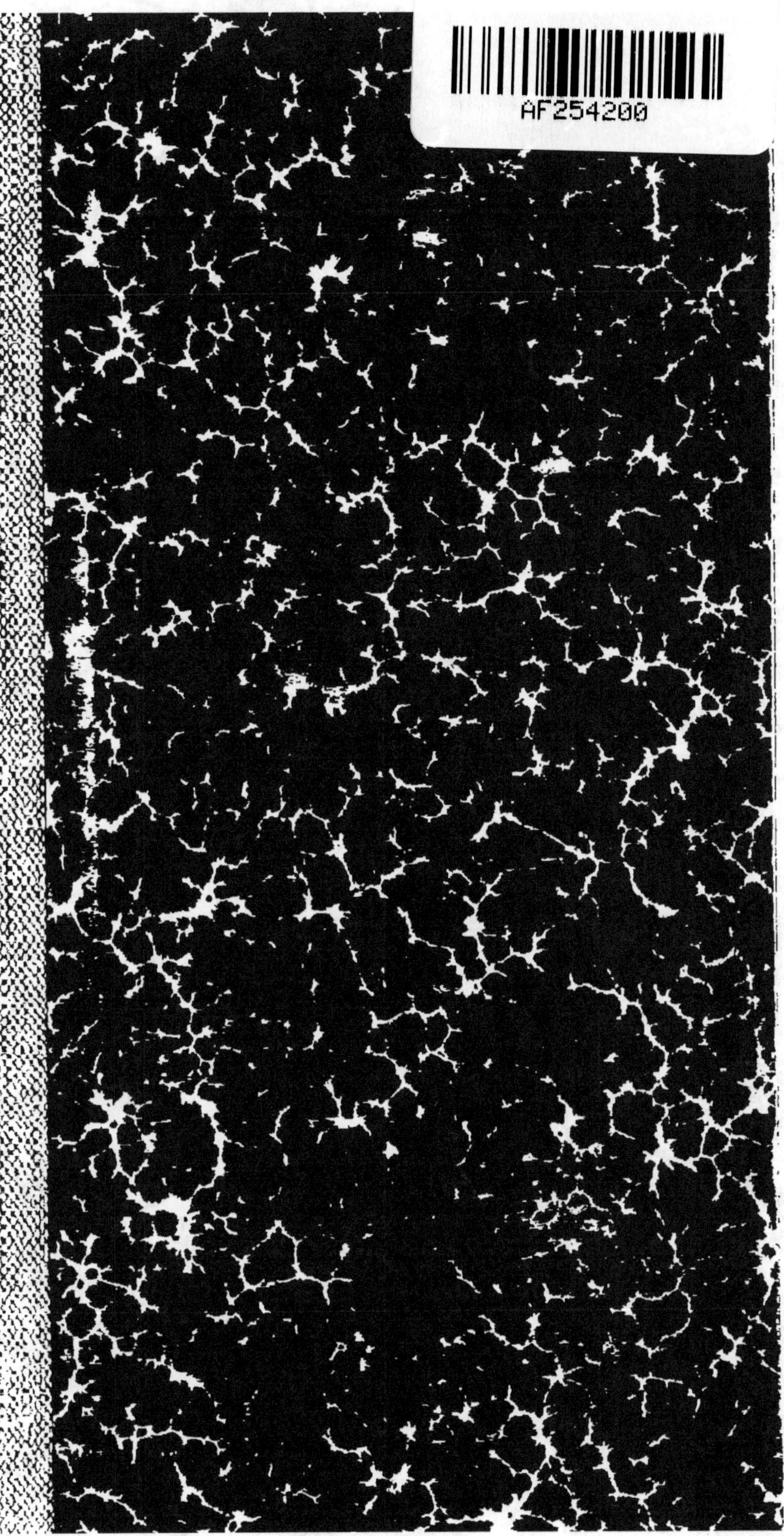

AF254200

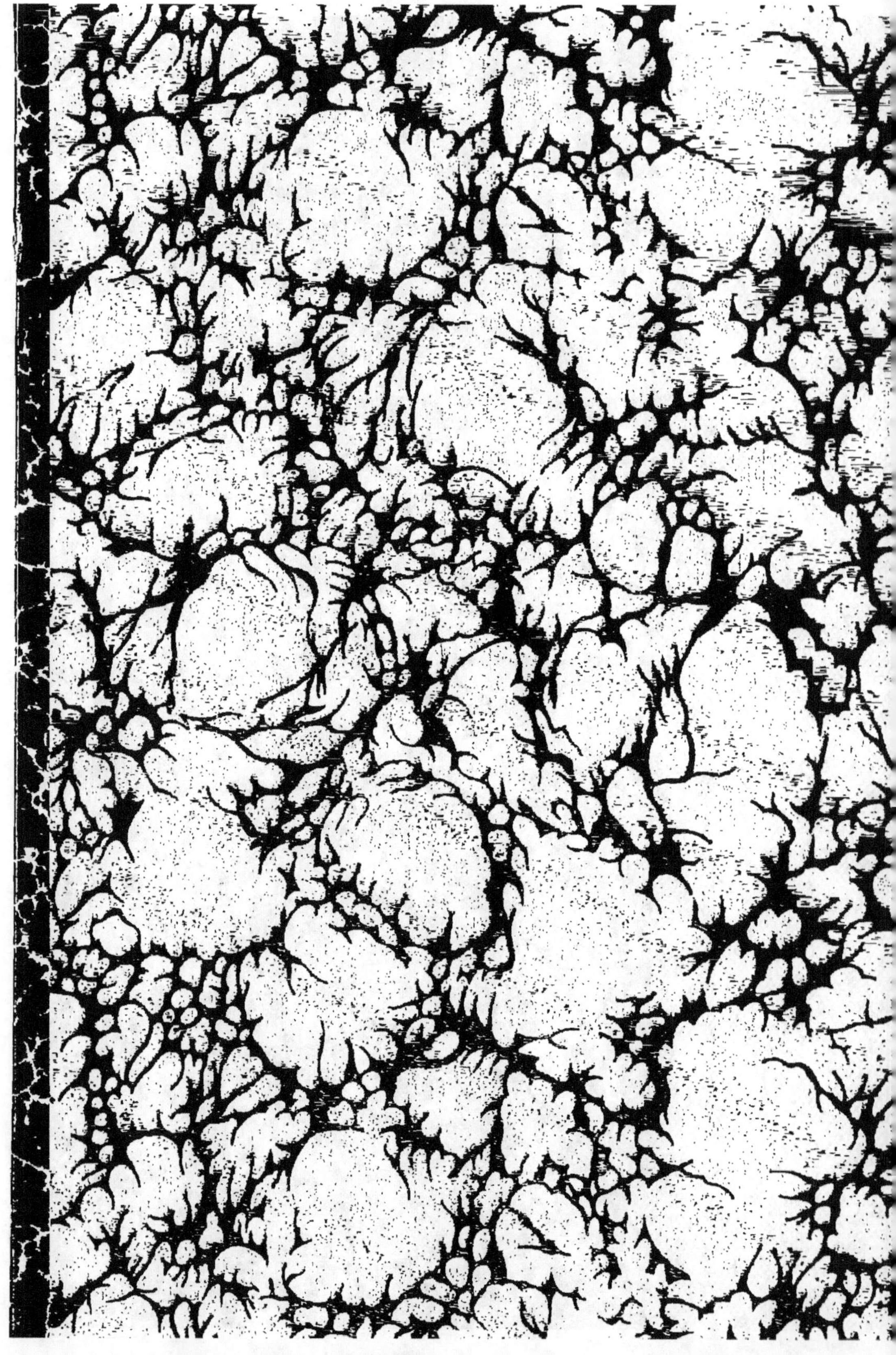

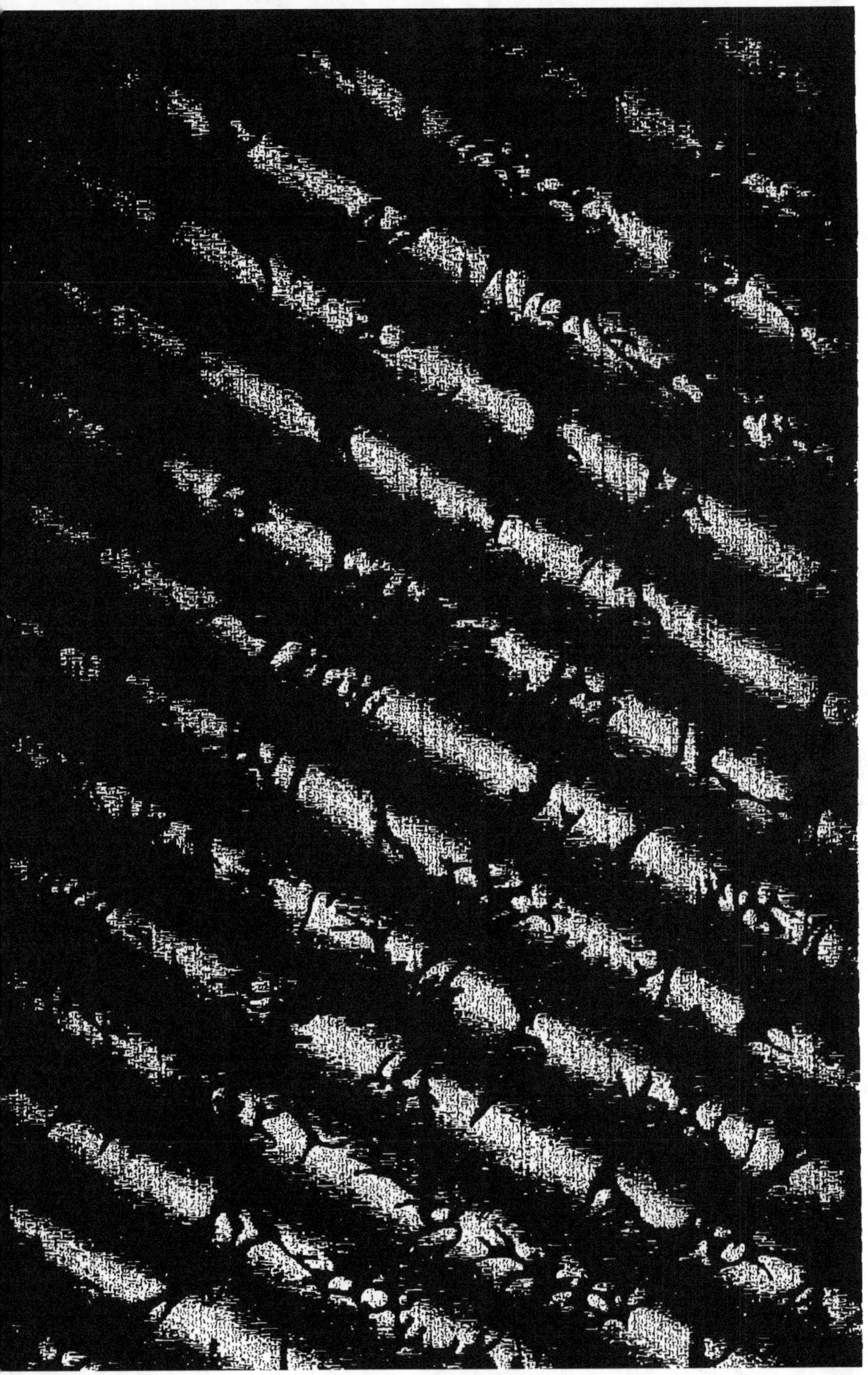

TABLE

ALPHABÈTIQUE

Des noms des animaux dont il est parlé dans le Tome premier.

Quadrupèdes vivipares et ovipares, Reptiles et Poissons.

Fin de la Table alphabétique.

LEÇONS

OUVRAGES DE M. HENRI CONGNET.

1. **Simples Éléments de la Grammaire grecque**, in-12, 7e édition, chez Lecoffre.
2. **Enchiridion** de ceux qui commencent le grec, pour servir de premier texte d'explication, in-12, 6e édition.
3. **Joseph, Ruth, Tobie**, 46 fables d'Ésope, Elien, Babrius, in-12, 7e édition.
4. **Traduction française** de Joseph, Ruth, Tobie, Elien, Babrius, in-12, 3e édition. — Id., traduction latine, in-32.
5. **Nomenclature de Joseph, Ruth, Tobie**, in-12.
6. **Cours de Thèmes grecs élémentaires**, 2 vol. in-12, 3e édition.
7. **Corrigé du Cours de Thèmes grecs élémentaires**, 2 vol. in-12, 3e édition.
8. **Lexique élémentaire** grec-français, in-12, 7e édition.
9. **Grammaire de la Langue grecque**, in-8o, 3e édition.
10. **Manuel des Verbes irréguliers**, in-18 4e édition.
11. **Prosodie grecque**, en collaboration avec M. Longueville, in-8o
12. **Marie honorée dans les classes**, ou Mois de Marie grec-latin, in-18, 3e édition.
13. **Le pieux Helléniste**, in-32, 4e édition.
14. **Le livre des Maîtres d'études**, in-32.
15. **Le livre des jeunes Professeurs**, in-32, 3e édition.
16. **Soldat et Prêtre**, ou la Vie de Timothée Marprez, in-8o, chez Sarlit.
17. **Madame de Bussières**, ou la Vie chrétienne et charitable au milieu du monde, in-8o. — 2e édit., in-12, chez Lethielleux.
18. **Grand Manuel pratique pour la première Communion**, in-18, 8e édition, chez Sarlit.
19. **Petit Manuel** pour la première Communion, in-18, 7e édit., chez Sarlit.
20. **Préparation à la Confirmation**, in-18, 12e édition, chez Sarlit.
21. **Auteurs chrétiens en latin classique**, à l'usage des classes de rhétorique et de seconde, in-12, chez Sarlit.
22. Diverses **Notices** sur les saints du diocèse de Soissons et sur quelques-uns de ses évêques, in-8o. — Divers **Opuscules** de propagande catholique.

MADAME

DE BUSSIÈRES

Douai. — Imp. DECHRISTÉ, rue Jean-de-Bologne.

MADAME
DE BUSSIÈRES

OU

LA VIE CHRÉTIENNE ET CHARITABLE

AU MILIEU DU MONDE

PAR

HENRI CONGNET

Doyen du chapitre de la cathédrale de Soissons, missionnaire apostolique
Chanoine honoraire de Mende
Membre de la Société Asiatique de Paris.

SECONDE ÉDITION
CORRIGÉE ET AUGMENTÉE

PARIS

P. LETHIELLEUX, ÉDITEUR
23, RUE CASSETTE, ET RUE DE MÉZIÈRES, 11

1868

DÉDIÉ

AUX DAMES DU MONDE

ET

A TOUTES LES MÈRES

CHRÉTIENNES.

———

Vanité des vanités, et tout est vanité, excepté aimer Dieu et ne servir que lui seul.

(Imit. de J.-C.)

———

Qui peut mieux qu'une mère inspirer à sa famille la foi en Dieu, l'obéissance à ses commandements et la reconnaissance pour ses bienfaits ?

APPROBATIONS ÉPISCOPALES
DE LA PREMIÈRE ÉDITION

—

ÉVÊCHÉ DE SOISSONS

Lettre de Monseigneur DOURS, évêque de Soissons et Laon, à M. l'abbé Henri Congnet, doyen du chapitre de la cathédrale de Soissons.

Monsieur le Doyen,

Je vous remercie de tout le plaisir que m'a fait éprouver la lecture de la Vie de Madame de Bussières, dont vous êtes l'auteur. Vous l'avez écrite avec cette simplicité et cette pureté de style qui conviennent si bien au récit de semblables existences. Cette lecture, j'en ai la certitude, sera utile aux mères de famille et à tant d'âmes pieuses dont se glorifie à juste titre notre sainte religion. Elles y puiseront des considérations, des conseils, des exemples propres à les encourager, à les fortifier, à ranimer leur zèle, à leur montrer dans toute sa beauté ce que c'est que la vie cachée en Notre-Seigneur Jésus-Christ ; car ce qui me frappe dans madame de Bussières, c'est ce calme, cette modestie dans les bonnes œuvres, cet oubli de soi-même, et, dans l'aumône, cette pratique constante de la belle maxime de notre Maître : « Que votre main gauche ignore ce que fait votre main droite. » Seule, madame de Bussières semble ne pas se douter du parfum qu'exhale autour d'elle son existence toujours consacrée à Dieu au milieu des autres devoirs que sa position dans le monde lui impose. Heureuses les familles qui ont le bonheur de

a *

compter de pareils membres dans leur sein ! Heureux les pauvres d'une ville pour lesquels la Providence suscite des cœurs si généreux et si dévoués !

Encore une fois, Monsieur le Doyen, recevez mes remercîments et mes félicitations, et veuillez agréer la nouvelle assurance de tout mon dévouement.

✝ Jean-Jules, évêque de Soissons et Laon.

APPROBATION de Monseigneur DELALLE, évêque de Rodez.

Monsieur le Chanoine,

En vous remerciant de l'envoi que vous avez bien voulu me faire de la *Vie de madame de Bussières* publiée par vous, je suis heureux de joindre mon témoignage à celui de Mgr l'évêque de Soissons sur les qualités de ce livre. C'est un tableau bien dessiné des devoirs d'une femme chrétienne, où l'on voit la mise en action des vertus que doit pratiquer la jeune fille, l'épouse, la mère, la veuve, pour embellir le foyer domestique dont la femme chrétienne est l'ange gardien visible, sous l'inspiration de la piété. Nul doute que la lecture de cet intéresssant volume, écrit avec une simplicité pleine de charme, ne soit très-utile aux personnes du monde qui désirent se rendre dignes de leur vocation dans les situations diverses où il plait à la Providence de les placer. Ce qui augmente encore l'intérêt, c'est que vous indiquez avec beaucoup d'à-propos les ouvrages à consulter pour régler sa conduite dans les circonstances difficiles de la vie, où l'avenir tout entier dépend d'une résolution à prendre. — Si vous n'avez eu rien à citer de la correspondance de madame de Bussières, c'est sans doute que cette femme distinguée, tout occupée d'agir et de prier, a peu écrit, et que ses œuvres seules peuvent la louer, comme l'Esprit Saint l'a dit de la femme forte : *Laudent eam in portis opera ejus.* (Prov. XXXI, 31.) Les bonnes actions sont le plus éloquent panégyrique. Bien parler et bien écrire, c'est quelque chose, mais bien agir et persévérer dans la voie du devoir jusqu'à la fin, c'est le propre des grandes âmes et la pierre de touche de la vertu.

Recevez, Monsieur le Chanoine, l'assurance de mes sentiments affectueux.

✝ LOUIS, évêque de Rodez.

APPROBATION de Son Eminence Monseigneur le Cardinal MATHIEU, archevêque de Besançon.

Monsieur et très-cher Chanoine,

Recevez tous mes remerciements, et de l'envoi que vous m'avez fait de la Vie de madame de Bussières, et de l'œuvre excellente que vous avez accomplie en publiant cette vie si digne et si remplie. On y voit en action tous les principes et toutes les règles qui doivent conduire une chrétienne dans le monde. Vous les avez parfaitement fait ressortir, et vous en avez montré l'usage saint et discret. Plaise au Seigneur faire arriver votre livre dans les mains de toutes les mères chrétiennes et leur inspirer l'attrait de le lire, et surtout celui d'imiter le modèle qui y est dépeint !

Recevez l'assurance de mon bien affectueux et sincère attachement.

✝ CÉSAIRE, cardinal archevêque de Besançon.

APPROBATION de Monseigneur FOULQUIER, évêque de Mende (Lozère).

Mon cher Monsieur le Doyen,

J'ai lu avec autant de plaisir que d'édification la Vie de madame de Bussières, que vous avez eu la bonté de m'envoyer, et je viens vous en remercier, comme aussi vous féliciter de l'heureuse inspiration que vous avez eue d'offrir au public, dans une seule vie, le modèle de la jeune fille, de l'épouse, de la mère de famille, et tout ensemble de la veuve et de la mère des pauvres.

Un rhéteur païen, qui avait eu l'honneur de donner des leçons d'éloquence au plus éloquent peut-être des Pères de l'Église, disait dans le profond sentiment de son admiration pour la mère de son disciple : « Quelles femmes que les femmes chrétiennes ! » — Celle que vous nous apprenez à connaître, mon bien cher ami, est de celles qui honorent la religion et qui la font aimer, parce qu'elles sont animées de son plus pur esprit, et parce que la véritable piété est vivante dans leurs œuvres et dans toute leur vie, avec tout ce qu'elle a d'aimable et de touchant. Quelle vertu que celle qui ne s'est jamais démentie, qui s'est toujours trouvée à la hauteur de tous ses devoirs et qui a su aussi bien concilier les devoirs de la piété chrétienne avec ceux de sa position ! Madame de Bussières est une preuve de plus de cette vérité, *que la piété est utile à tout.* Et ne peut-on pas dire encore *qu'elle est utile à tous*, et qu'elle rayonne autour d'elle comme un astre bienfaisant, pénétrant tout ce qui l'entoure de sa lumière et de sa douce chaleur ? L'amour de Dieu, dont était embrasé le cœur de cette sainte femme, n'était-il pas le foyer où se ranimait sans cesse cette ardente charité, qu'aucun besoin, qu'aucune infortune ne sollicitait en vain, et qui s'est épanchée jusqu'à la fin en bienfaits de tout genre ? Le plus précieux ʼous est celui de ses exemples : soyez béni de l'avoir propagé, en ʼʼʼuant le souvenir. — Les règles de la piété chrétienne

de u
en perpèʼ ʼez si sagement et si bien, en les entremêlant au récit
que vous expoʼ ʼous n'avez pas eu à les chercher bien loin ; elles
de cette belle vie, ʼ ʼ *d'une vie qui nous montre l'Évangile en*
ressortent d'elles-mêmeʼ ʼes en dégager, en la traduisant, pour
action ; vous n'avez fait que ʼʼ ʼ un nouveau prix à votre ouvrage,
ainsi dire. Toutefois elles donnenʼ ʼʼns à celle de l'exemple que
en ajoutant de nouvelles et sages leçʼ.

vous mettez sous nos yeux.   Doyen, l'assurance
Agréez, je vous prie, Monsieur et très-cher
de mon affectueux dévouement.

† JEAN-ANTOINE-MARIE, évêque de Mende.

APPROBATION de Monseigneur CHALANDON, archevêque d'Aix.

Monsieur le Doyen,

Il me semble que madame de Bussières auroit mérité l'éloge des anciens : *Domum servavit, casta vixit, lanam fecit.* Dans cette vie cachée de famille, elle a trouvé d'abondandes provisions de mérites devant Dieu, mais elle ne pouvait pas offrir à l'écrivain de sa vie d'abondants matériaux. — Vous avez su toutefois rehausser cette vie chrétienne de si bons conseils, et de si beaux extraits de tout ce qu'ont écrit sur les devoirs de la femme les orateurs les plus remarquables, que votre ouvrage est plein d'utiles leçons. Aussi je m'unis bien volontiers à Mgr votre Evêque pour applaudir et remercier. — Madame de Bussières, assortissant sur un simple canevas la soie et la laine, savait offrir à Dieu pour son culte de beaux et riches ornements. Vous, Monsieur, vous avez su rattacher au simple canevas de sa vie de riches broderies, pour faire de nos femmes pieuses de dignes ornements de la religion , de la société et de la famille. — Je vous sais double gré de votre bon souvenir et de votre utile ouvrage.

Recevez, Monsieur le Doyen, avec mes remerciements, l'assurance de mes tendres et dévoués sentiments.

† GEORGES, archevêque d'Aix.

APPROBATION de Monseigneur MERMILLOD, évêque d'Hébron.

Genève, le 5 février, Octave de la fête de saint François de Sales.

Monsieur le Chanoine,

Je viens de lire la *Vie de madame de Bussières*, que vous m'avez fait l'honneur de m'envoyer. Je vous félicite de cette publication qui produira un bien réel. Notre temps a besoin de voir en action des âmes fortes qui comprennent le christianisme et qui le pratiquent sérieusement. Nous ne pouvons nous dissimuler qu'après avoir réagi contre le rigorisme du jansénisme, *nous sommes obligés maintenant de lutter contre les esprits frivoles, les mollesses du cœur et les transactions faciles.* Votre livre révèle une chrétienne véritable qui, dans une situation élevée, a su allier la distinction personnelle à tous les charmes d'une piété courageuse et attirante. Elle a compris que l'instruction solide et substantielle est un devoir pour tout catholique à notre époque ; elle est restée fidèle à sa foi, chaste dans sa tendresse, constante dans l'épreuve et humble dans la grandeur. — Votre livre est écrit avec une gracieuse simplicité et il fait revivre madame de Bussières sous le regard du lecteur, comme il la fait aimer. Je n'ai pas à prédire l'accueil qui sera fait à ce volume, fruit de votre foi et de votre talent ; déjà protégé par le suffrage de Mgr votre Évêque, il va réaliser ce que saint François de Sales dit si aimablement : *Peindre sur les cœurs des personnes non seulement les vertus communes, mais encore la très-chère et bien-aimée dévotion.*

Vous n'êtes pas un inconnu pour moi, Monsieur le Chanoine, car vos volumes grecs ont servi à ma jeunesse d'écolier et de séminariste : c'est vous dire que j'ai contracté à votre égard une dette de reconnaissance.

Agréez, Monsieur, l'hommage de mon respectueux dévouement en Notre-Seigneur.

† Gaspard, *évêque d'Hébron, auxiliaire de Genève.*

APPROBATION de Monseigneur FILLION, évêque du Mans

Monsieur le Doyen,

Avant de vous témoigner ma reconnaissance pour l'envoi que vous avez bien voulu me faire de votre excellent ouvrage : *Madame de Bussières*, j'ai voulu le lire. J'aurais pu le louer en confiance, en le jugeant d'après vos autres écrits, j'ai mieux aimé le recommander en connaissance de cause.

Votre livre offrira à toutes les mères chrétiennes, dans une lecture aussi attrayante que salutaire, le précepte et l'exemple des devoirs qu'elles ont à remplir. Puisse-t-il se répandre comme il le mérite et susciter un grand nombre d'imitatrices à celle dont vous racontez la vie.

Veuillez agréer, Monsieur le Doyen, avec l'expression de ma gratitude pour votre bon souvenir, celle de mes sentiments les plus respectueux et les plus dévoués.

† CHARLES, évêque du Mans.

APPROBATION de Son Éminence Monseigneur le Cardinal DONNET, archevêque de Bordeaux.

Monsieur le Chanoine,

En présence des profusions alarmantes de la presse qui font de plus en plus l'œuvre de Satan, on se sent heureux de favoriser la publication de livres édifiants et selon l'esprit de Dieu.

Le vôtre, intitulé : *Madame de Bussières*, est un de ceux qu'on aime à recommander et à bénir. Comme composition littéraire, il a cette simplicité et ce charme qui attachent et captivent ; comme exemple, il est d'un attrait irrésistible pour amener à la pratique de la vie chrétienne.

C'est le parfum, dans le langage sacré, dont la suave odeur vous attire ; c'est la lumière, selon la parole du divin Maître, qui brille aux yeux de tous, pour la gloire de notre Père qui est dans les cieux.

A ce titre, la *Vie de madame de Bussières* est un trésor mis au grand jour, après avoir été longtemps caché sous le voile de la modestie et de l'humilité. Cette bonne œuvre, nous la devons à votre plume facile et toujours saintement inspirée ; je m'empresse de vous en remercier pour l'honneur qui en revient à la piété et à la charité catholiques.

Recevez, Monsieur le Chanoine, la nouvelle assurance de mes sentiments les plus distingués.

† Ferdinand, Card. DONNET, *archevêque de Bordeaux*.

APPROBATION de Monseigneur PIE, évêque de Poitiers.

Thenezay, en visite pastorale, le 25 avril 1867.

Monsieur le Doyen,

Je n'avais pu, jusqu'à ce jour, prendre connaissance du nouvel ouvrage que vous m'avez fait l'honneur de m'adresser : *La Vie de madame de Bussières*. La lecture de cet écrit sera très-profitable aux dames du monde : elles y verront comment on peut allier la grâce, l'énergie, le dévouement et la prudence aux autres vertus chrétiennes, et atteindre, dans l'état du mariage, les plus hauts sommets de la perfection évangélique. — Avec mes félicitations et mes remercîments, veuillez agréer, Monsieur le Chanoine, l'expression de mon sincère dévouement.

† S. E. *évêque de Poitiers*.

Rapport à Monseigneur Landriot, évêque de La Rochelle.

Monseigneur,

J'ai lu par ordre de Votre Grandeur, et avec beaucoup d'édification, l'ouvrage intitulé *Madame de Bussières, ou la vie chrétienne et charitable au milieu du monde*. Ce livre, qui offre le tableau des obligations, des dangers et des gloires d'une femme chrétienne au milieu du monde, me paraît propre à faire le plus grand bien ; et je crois servir les intérêts de la religion en priant Votre Grandeur de l'honorer de son estime et de sa puissante recommandation.

Daignez agréer, etc.

PETIT, *vicaire général de La Rochelle*.

———

A Monsieur HENRI CONGNET, *Doyen du Chapitre de Soissons*.

Monsieur et vénéré Doyen,

Monseigneur me charge de vous remercier beaucoup de l'excellent livre que vous lui avez adressé, et il souscrit de grand cœur à tout ce que je lui en ai dit dans la lettre ci-jointe.

PETIT, *vicaire général*.

————

APPROBATION de Monseigneur ALLOU, évêque de Meaux.

..... Après les approbations flatteuses accordées à votre ouvrage sur *madame de Bussières*, mon témoignage serait de bien peu de valeur, mais je tiens à vous remercier d'avoir bien voulu m'adresser ce livre, dont j'ai entendu la lecture avec le plus grand plaisir. Je l'ai déjà recommandé à quelques personnes, et je ne manquerai pas de le faire encore, persuadé que cette vie si édifiante sera très-utile à mes diocésaines.

Agréez, Monsieur le Chanoine, l'expression de mon respectueux et bien sincère dévouement.

AUGUSTE, *évêque de Meaux*.

APPROBATION de Monseigneur GIGNOUX, évêque de Beauvais.

Monsieur et excellent ami,

Je ne puis mieux faire que de vous adresser le rapport qui m'a été fait par M. l'abbé Delacroix touchant la *Vie de madame de Bussières*. J'adopte pleinement l'appréciation du docte ecclésiastique chargé par moi de l'examen de votre ouvrage, et je vous félicite du nouveau service que vous venez de rendre à l'Église et aux âmes.

Adieu, bon et cher Doyen, je vous renouvelle l'expression de ma vieille et respectueuse amitié.

JOSEPH-ARMAND, *évêque de Beauvais, Noyon et Senlis.*

RAPPORT.

Monseigneur,

La *Vie de madame de Bussières*, par M. le chanoine Henri Congnet, n'est pas une simple *biographie;* c'est un livre *doctrinal,* qui a pour but d'instruire en édifiant. — Disons-le tout de suite : ce double but est atteint avec un rare bonheur. — L'auteur, il est vrai, se trouvait admirablement servi par son sujet. Quelle bonne fortune, en effet, d'avoir à montrer successivement, dans madame de Bussières, l'enfant, la jeune fille, l'épouse, la mère et la veuve, toujours fidèle à ses devoirs, et les remplissant avec cette grâce simple et naturelle qui est comme le parfum des vertus évangéliques et leur plus doux attrait! — Sans nul doute, cet ouvrage, véritable *guide des mères chrétiennes,* sera très-utile aux femmes du monde et mériterait de devenir leur *manuel pratique.* Elles y trouveront les meilleurs conseils sur l'éducation, la tenue d'une maison, l'emploi des richesses, etc. ; et, suivant le vœu de l'auteur, il leur restera de cette lecture « des idées saines, des principes sûrs et des règles de conduite sur certains points très-importants, mais qui sont aujourd'hui ou ignorés ou trop négligés dans le monde. » — Enfin, pour dire toute ma pensée, *la portée de ce livre est beaucoup plus grande* que ne paraît l'avouer la modestie du pieux chanoine. Les âmes fidèles y trouveront certainement une sage et utile direction ; mais les directeurs eux-mêmes ne liront pas sans profit ces doctes pages où M. Henri Congnet, sans prétention ni pédanterie, a su reproduire avec une sage mesure et un à-propos remarquable les plus beaux passages des moralistes chrétiens et les plus nobles enseignements de la chaire catholique. La seule liste des auteurs cités dans l'ouvrage pourrait aider à composer une *bibliothèque pastorale* d'un mérite incontestable et de la plus grande utilité pour tous ceux qui ont charge d'âmes. — La *Vie de madame de Bussières* me paraît donc mériter à tous égards l'approbation de Votre Grandeur.

Daignez agréer, Monseigneur, etc.

DELACROIX, *professeur au grand séminaire de Beauvais.*

Extrait de la lettre de M. MILLIÈRE, vicaire général de Beauvais.

« ..... J'ai pu enfin lire moi-même votre livre, et je tiens à vous remercier non pas tant du plaisir très-réel que cette lecture m'a procuré que du bien qu'elle m'a fait. Je souhaite que votre ouvrage soit prochainement entre les mains des femmes désireuses de se conduire chrétiennement dans le monde, et je me propose de le faire lire aux réunions des *Enfants de Marie*, en recommandant de se le procurer — Vous n'avez rien omis des considérations et des exemples capables de faire impression sur une jeune fille et une femme du monde. J'ai, en particulier, fort goûté les chapitres relatifs à la réserve et et à la modestie de la jeune fille, et aux exercices de piété d'une femme chrétienne. Plût à Dieu que ces conseils fussent entendus ! Nous ne verrions pas ce que nous voyons, et nous n'aurions pas à lutter contre mille obstacles.....

Recevez donc mes félicitations bien sincères ; votre livre est une bonne œuvre de plus qui vous sera comptée devant l'Auteur de toute justice..... »

MILLIÈRE, *vicaire général.*

QUELQUES-UNS DES ENSEIGNEMENTS

DE LA VIE DE MADAME DE BUSSIÈRES

b

AVANT-PROPOS

DE LA PREMIÈRE ÉDITION

—

> La religion pure et sans tache auprès
> de Dieu notre Père consiste à visiter les
> orphelins et les veuves dans leurs tri-
> bulations, — et à se conserver pur de
> la corruption du siècle.
>
> S. JACQ., 1, 27.

La véritable vertu ne consiste pas essentielle-
ment à faire des choses extraordinaires ou qui
excitent l'admiration.

Une vie simple et uniforme, passée modestement et sans bruit dans l'éloignement du mal, dans

la pratique constante du bien, dans l'exercice des œuvres de miséricorde, doit avoir et a certainement un grand mérite aux yeux du Juge souverain et équitable qui a promis de rendre à chacun selon ses œuvres, et de récompenser même jusqu'à un verre d'eau froide donné en son nom.

Or, telle a été la vie de madame de Bussières.

Plusieurs personnes graves nous ont exprimé le désir qu'on ne laissât pas s'effacer de la mémoire de ceux qui l'ont connue le souvenir des vertus dont cette respectable dame a donné l'exemple pendant un si grand nombre d'années. Elles ont pensé que ce serait un moyen efficace pour susciter, parmi les dames chrétiennes, des imitatrices de sa foi, de sa piété et de sa charité.

Nous avons donc cherché à nous rendre un compte aussi exact que possible de cette vie cachée en Dieu, et qui ne paraissait au dehors que lorsque le soulagement du prochain le demandait ; mais qui, même dans ce cas, se dérobait toujours à la vue des hommes, sous le manteau de la modestie et de l'humilité.

Afin de rendre plus instructive la lecture de la vie de cette femme vénérée, nous n'avons pas hésité à ralentir parfois la narration en y insérant des réflexions utiles ; et c'est de dessein bien arrêté, que, dans ce volume, nous nous éloignons, de temps en temps, du genre ordinaire des biographies ; nous ne nous contenterions pas d'un succès seulement littéraire. Notre but est plus noble et plus élevé. Nous avons voulu faire un livre *de doctrine*, un livre *de bons conseils* et *de bonnes inspirations*. Le prêtre n'a-t-il pas par-dessus tout la mission d'enseigner les vérités éternelles, *ad dandam scientiam salutis plebi ejus*, et de dissiper les erreurs, *illuminare his qui in tenebris et in umbra mortis sedent?* Nous désirons donc qu'après la lecture de cet écrit, il reste dans l'esprit des idées saines, des principes sûrs et des règles de conduite sur certains points très-importants, mais qui sont aujourd'hui ou ignorés ou trop négligés dans le monde.

D'ailleurs, ce sont ces mêmes principes dont s'était fortement pénétrée madame de Bussières, qui ont été le premier mobile et la raison dernière du genre de vie si édifiant dans lequel elle s'est constamment maintenue. En les rappelant dans ce livre, ne pouvons-nous pas espérer que, dans les âmes bien disposées, ils produiront d'aussi salutaires effets? Nous serions heureux si la vie de madame de Bussières devenait ainsi un MANUEL PRATIQUE et UN GUIDE pour les dames du monde et pour toutes les mères chrétiennes.

Mères chrétiennes! c'est surtout sur vos exemples, sur votre sagesse, sur vos prières et sur vos larmes que l'Église fonde ses espérances pour la conservation et l'extension de la foi catholique dans notre pays. Depuis cinquante ans, vous avez déjà fait beaucoup ; vous avez été les anges du foyer domestique et les apôtres de vos familles; continuez à remplir avec courage et dévouement votre sublime mission. Car, comme le dit l'éloquent auteur de la *Vie de sainte Monique,* « Ni les évêques ni les prêtres ne referont la France moderne, si les mères chrétiennes ne viennent à leur aide. »

Nous prions le Seigneur d'accorder à notre tra-

vail sa sainte bénédiction et de donner à nos lecteurs la grâce d'imiter, chacun selon son pouvoir,
ce qui, dans cet ouvrage, aura été pour eux un
sujet d'édification ; *summa religionis est imitari
quod colimus.*

Soissons, 2 décembre 1867.

HENRI CONGNET.

AVERTISSEMENT

POUR CETTE SECONDE ÉDITION

—

Encouragé par la bienveillance avec laquelle a été accueillie la première édition de la *Vie de Madame de Bussières*, nous avons mis tous nos soins à revoir notre travail dans son entier.

Outre de nombreuses corrections faites presque à chaque page, et beaucoup de détails insérés successivement dans le cours de la narration, nous avons ajouté deux chapitres entièrement neufs, par suite de documents précieux que nous avons pu recueillir.

En jetant un coup d'œil sur l'*aperçu des enseigne-*

ments (page XXI) qui découlent naturellement des exemples donnés par cette respectable dame, les lecteurs verront tout le profit qu'ils peuvent retirer de ce volume; ils comprendront mieux le but utile que nous nous sommes proposé.

Notre *premier appendice* réveillera peut-être chez les dames du monde ce sentiment de modestie et de pudique réserve qui convient si bien à leur sexe, et qui ajoute une nouvelle grâce aux dons et aux qualités qu'elles ont reçus de Dieu.

Les mères chrétiennes ne seront plus embarrassées pour diriger leurs propres lectures et celles de tous les membres de leur famille. Notre *deuxième appendice* leur fournira sur ce point tous les renseignements désirables.

En un mot, nous avons fait de nouveaux efforts pour que cette biographie répondît à l'idéal que nous nous en étions primitivement formé, et qu'elle pût être acceptée par toutes les dames chrétiennes comme un livre d'*instruction*, de *bons conseils* et de *saintes inspirations*.

Nous avons essayé de jeter dans les âmes la

bonne semence ; la rosée divine de la grâce lui a donné son accroissement. Puissions-nous reconnaître un jour, sans pouvoir nous en glorifier, que soit pour nous-même, soit pour les autres, cette semence a produit des fruits pour la vie éternelle. *Ego plantavi.... Deus incrementum dedit.... Illi soli honor et gloria.*

Soissons, le 19 mars 1868, en la fête de S. Joseph.

HENRI CONGNET.

MADAME DE BUSSIÈRES

NÉE LÉVESQUE DE POUILLY

PIEUX SOUVENIRS DE SA VIE ET DE SA MORT

CHAPITRE PREMIER

Portrait de la femme forte.

« Qui trouvera la femme forte? Elle est d'un prix qui l'emporte sur toutes les pierreries.

« Le cœur de son époux se confie en elle, et il voit les richesses s'accroître dans sa maison.

« Elle lui apportera le bien, et non le mal, tous les jours de sa vie.

« Elle travaille le lin et la laine, et le conseil préside à l'ouvrage de ses mains.

. . . .

« Elle se lève dans la nuit, distribue la laine à ses servantes, et donne à chacune d'elles sa tâche.

« Elle a vu un champ, et elle l'a acheté; elle a planté une vigne du fruit de ses mains.

« Elle a ceint ses reins de force, et elle a affermi ses bras.

1

« Elle a compris et vu que ses œuvres sont bonnes ; sa lampe ne s'est point éteinte pendant la nuit.

« Elle a porté la main à la quenouille, et ses doigts ont tourné le fuseau.

« Elle a ouvert sa main au pauvre, elle a étendu ses deux mains vers l'indigent.

« Elle ne craint pas l'hiver pour sa maison, parce que ses serviteurs ont deux vêtements.

. . . .

« Son époux brille aux portes de la ville, quand il est assis parmi les juges de la terre.

« Elle est revêtue de force et de beauté, et son dernier jour sera plein de joie.

« Elle a ouvert sa bouche à la sagesse, et une loi de clémence est sur ses lèvres.

« Elle a veillé sur les pas des siens, et n'a pas mangé le pain de l'oisiveté.

« Ses fils se sont levés et l'ont appelée bienheureuse ; son époux s'est levé et l'a comblée de louanges.

. . . .

« La grâce est trompeuse et la beauté est vaine ; la femme qui craint le Seigneur sera seule dans la gloire.

« Donnez-lui le fruit de ses mains, et ses œuvres la loueront aux portes de la ville. »

(Au Livre des Proverbes, chap. XXXI, 10-31.)

Il n'y a presque aucun des versets que nous venons de transcrire qui ne puisse s'appliquer à la pieuse dame dont nous avons entrepris de retracer la vie.

CHAPITRE DEUXIÈME

I

En l'année 1798, au moment où, sous le gouvernement oppresseur du Directoire, les églises et les monastères, livrés au marteau sacrilége des démolisseurs, ne présentaient, dans le Soissonnais comme dans toute la France, que des monceaux de ruines ; lorsque les prêtres étaient ou traqués et assassinés dans leur patrie, ou obligés, pour éviter la mort, de fuir dans des contrées étrangères ; lorsque le vicaire de Jésus-Christ lui-même était enlevé de la Ville éternelle, et ses cardinaux dispersés ou jetés en prison, naissait, le 10 mars, dans la ville de Soissons, une enfant, *Désirée-Élisabeth* LÉVESQUE DE POUILLY (1), prédestinée par la divine Providence à être, dans le cercle restreint de sa province, l'édification de ses concitoyens, par son attachement à la religion, par son respect envers le vicaire de Jésus-Christ et les ministres de la sainte Église, par son zèle pour la restauration et la décoration des temples sacrés, enfin par un amour immense pour les pauvres et les affligés, dont elle devait être appelée la mère.

Mademoiselle Élisa était fille de M. Pierre-Elisabeth Lévesque de Pouilly (2), chevalier de l'ordre royal et militaire de Saint-Louis, d'une ancienne famille de Reims, alliée aux Colbert, et de dame Louise-Delphine Godard de Vingré, son épouse.

Comme, en 1797, les églises qui n'étaient pas fermées étaient souvent livrées à des prêtres intrus ou schismati-

----

(1) Dans sa famille il passa en habitude de l'appeler Élisa.

(2) Le nom patronymique de la famille est LÉVESQUE. Le nom de POUILLY vient d'un village nommé Pouilly, situé à une lieue de Reims, fief échu au bisaïeul de M. Lévesque de Pouilly, qui y jouissait des droits seigneuriaux. Il ne reste que deux fermes de ce village, qui déjà avait été brûlé lorsque, en 1350, le Prince Noir assiégeait Reims, défendu par Gautier de Châtillon.

ques, la conscience n'avait pu permettre aux deux fiancés de réclamer leur ministère pour l'administration des sacrements.

Le mariage de M. de Pouilly avec mademoiselle Godard de Vingré avait été célébré à Paris, dans une maison particulière servant d'oratoire, par un prêtre catholique insermenté qui était un religieux capucin. M. de Pouilly était alors âgé de trente-trois ans.

Des difficultés du même genre se présentèrent, sans doute, à la naissance d'Élisa ; car, malgré nos recherches, nous n'avons nulle part trouvé son nom sur la liste des baptêmes administrés, soit à la cathédrale, soit dans d'autres églises de la ville. On se sera probablement servi du ministère d'un de ces prêtres fidèles, que la crainte des révolutionnaires tenait encore soigneusement cachés. Un registre conservé au secrétariat de l'évêché de Soissons nous fournit la preuve que, à cette époque, des magistrats subalternes, faisant du zèle comme toujours, avaient, à Soissons, expressément défendu d'inscrire les noms des nouveaux baptisés et de délivrer à qui que ce fût des certificats de baptême. Ils voulaient par là effacer la trace de l'existence permanente de l'Église catholique, et faire croire, comme au temps de Dioclétien, qu'elle avait disparu de dessus la terre, *nomine christianorum deleto*.

M. de Pouilly faisait habituellement sa résidence à Soissons, sauf le temps qu'il passait chaque année, à divers intervalles, soit dans son domaine d'Arcis-le-Ponsart (1), soit au château de Fontenoy, qu'il tenait du chef de sa femme.

II

Lorsque mademoiselle Élisa de Pouilly fut sortie de la première enfance, son père se sentit assez d'expérience, de force et de courage pour se charger lui-même de son instruction. Il fut admirablement secondé par madame de Pouilly, femme douce, aimable, modeste, pleine de franchise, d'une grande distinction de manières, et par conséquent tout-à-fait capable de former une jeune personne, dans le cœur de laquelle le Seigneur avait déjà déposé les germes des plus excellentes qualités.

Dans ses premières années, la jeune Élisa se fit remarquer par une gaîté et par une pétulance extraordinaires.

---

(1) En 1684, une demoiselle Rolland épousa M. Lévesque de Pouilly, et lui apporta en dot la terre d'Arcis-le-Ponsart (Marne), à deux lieues de Fismes.—Le jardin potager du château est l'ancien cimetière d'une commanderie de Templiers.

Tout le monde s'amusait de ses gentillesses. Mais du moment où on lui parla de se préparer à sa première communion, il se fit subitement en elle un changement complet ; elle devint sérieuse et réfléchie : la grâce divine agissait déjà sur son cœur innocent et pur, et l'inclinait doucement à la piété.

Aussi quelle attention n'apporta-t-elle pas dès lors à réciter ses prières ! Sa conscience timorée lui faisait souvent craindre de les avoir mal faites, et elle se croyait obligée de recommencer. Cette disposition aurait pu avoir des conséquences fâcheuses, en lui rendant pénibles ses exercices religieux. Son père avait trop de bon sens pour ne pas combattre cette tendance aux scrupules ; mais c'était en vain qu'il cachait les livres de prières de sa fille : elle trouvait, dans le cours de la journée, le moyen de satisfaire sa pieuse ardeur, soit dans les allées du parc, soit dans quelque autre endroit retiré, et elle épanchait alors en toute liberté les sentiments dont son cœur était déjà rempli envers son Créateur et son Dieu.

Les premières notions de la religion lui avaient été données par sa mère. Elles furent développées par un respectable vieillard, l'abbé Huet, curé-doyen de Mont-sur-Courville, village à une demi-lieue d'Arcis. Sous la sage direction de ce bon prêtre, Élisa fit de véritables

progrès dans la piété et comprit de plus en plus l'importance de l'action à laquelle elle se préparait. Tous les
jours elle se rendait à Mont, y entendait la messe, écoutait
avec une sainte avidité les instructions et les avis du curé,
et les repassait en elle-même en retournant à Arcis. Pour
ne rien perdre de ce qu'elle venait d'entendre, elle évitait
la rencontre de certaines personnes du village, qui, par
amitié, auraient voulu la retenir et converser avec elle.

C'est avec des dipositions aussi parfaites que mademoiselle Élisa s'approcha pour la première fois, dans l'église
de Mont, de la Table sainte. Cette grande action fit sur la
jeune enfant une profonde impression. Le vénérable curé
lui avait conseillé de réciter chaque jour, pendant un an,
les actes d'avant et d'après la communion ; cette pratique
contribua singulièrement à entretenir constamment dans
son cœur le sentiment de la reconnaissance. De plus, elle
promit au Dieu qui lui avait fait goûter, en ce beau jour,
de si pures délices, d'en célébrer régulièrement l'anni-
versaire, après s'y être préparée avec le plus grand soin.
Jusque dans sa vieillesse elle aimait à parler de sa première communion ; et, quand elle se trouvait à Arcis, elle
se plaisait quelquefois à diriger ses promenades de manière à apercevoir le clocher de l'église de Mont. Elle ne
manquait pas de faire de temps en temps des présents à

cette église, en mémoire de cet acte important, qui avait été sa première initiation à la vie chrétienne..

Quelque temps après sa première communion, mademoiselle Élisa recevait, dans la cathédrale de Soissons, le sacrement de confirmation. La suite de cet écrit montrera jusqu'à quel degré elle a, en ce saint jour, participé aux grâces de l'Esprit sanctificateur. Les dons de *sagesse*, de *force* et de *piété* ne semblent-ils pas lui avoir été libéralement départis, dès cette époque, pour ne faire ensuite que s'accroître et se fortifier le reste de sa vie?

III

Suivons maintenant mademoiselle de Pouilly au milieu de sa famille, de ses amies et dans ses premières relations avec la société choisie qui fréquentait la maison de son père.

Nous pouvons d'abord remarquer chez elle une manière d'être et des habitudes qui contrastent singulièrement avec les usages d'aujourd'hui.

Depuis la révolution française, les pères et les mères se sont généralement imaginé qu'ils auraient à gagner dans l'affection de leurs enfants s'ils les affranchissaient de certaines marques de déférence consacrées de tout temps en France dans les familles chrétiennes. Ainsi aujourd'hui un enfant dit *tu* et *toi* à son père, à sa mère et jusqu'à ses grands parents (1). Il est permis de voir, dans cette familiarité déplacée, une des causes qui ont contribué à diminuer dans les familles le respect antique, la crainte filiale, la soumission aux volontés ou aux simples désirs des parents, vertus à peu près inconnues aujourd'hui de la plupart des enfants (2). Ce sont les pères et les mères qui se résignent à obéir. Assurément c'est renverser l'ordre naturel et primordial qui a Dieu pour auteur ; c'est inoculer au jeune âge un funeste esprit d'indépendance.

---

(1) « Nous tombons dans l'égalitarisme. Nos enfants ne sont pas nos égaux , et pourtant nous les traitons comme tels. Ils pourraient être ou devenir nos amis , nous en faisons nos camarades. Ceci est un grand mal. » (M. le comte DE GASPARIN.)—Plus d'une fois encore nous aurons occasion, dans ce livre, de recueillir et de citer quelques-unes des graves pensées de cet estimable auteur dans son ouvrage intitulé « *la Famille.* » Qu'il reçoive ici nos bien sincères remercîments.

(2) « Le sentiment de respect manque partout ; le tutoiement l'a banni de la famille, et vous-mêmes (l'orateur s'adresse aux mères), vous avez travaillé à détruire ces nobles remparts du respect, vous avez permis à vos enfants d'y faire une grande brèche , parce que vous aviez peur de n'en être pas aimées ! » (Mgr MERMILLOD, évêque d'Hébron.)

Un tel usage ne se rencontrait pas dans la maison de M. Lévesque de Pouilly. Le tutoiement avec ses conséquences ne s'y est jamais acclimaté ; et le bon goût maintient encore aujourd'hui, dans cette honorable famille, les formes respectueuses du langage dans les rapports des enfants avec leurs parents.

Mademoiselle de Pouilly vénérait son père et sa mère autant qu'elle les aimait. Ces deux sentiments s'allient fort bien ensemble dans un même cœur. On ne peut douter de la tendresse de l'enfant Jésus pour Marie, sa mère, et pour Joseph, qui lui servait de père ; si l'Évangile ne nous parle que de sa soumission et de son obéissance, *et erat subditus illis*, c'est que la leçon de respect nous était la plus nécessaire. L'Église catholique tout entière, s'inspirant des maximes et des exemples de son fondateur, est devenue, de l'aveu même des dissidents, la plus grande école de respect.

Jusque dans ses relations journalières avec ses amies d'enfance, on remarquait dans mademoiselle Élisa un heureux et agréable mélange d'égards et de douce familiarité. C'est à ces conditions que les amitiés humaines ont plus de chance de durée. Un sans-gêne excessif altère facilement les liaisons les plus intimes.

Pendant les longs séjours que faisait à Soissons mademoiselle de Pouilly, ses parents n'éprouvèrent pas le besoin de lui faire fréquenter quelqu'un des bons pensionnats que possédait la ville. Elle trouvait à la maison paternelle l'instruction qui lui convenait, et toutes ses journées étaient utilement occupées.

M. de Pouilly lui donnait des leçons de **français** et d'anglais. Un professeur venait à la maison lui enseigner la musique et le piano. Comme madame de Pouilly peignait admirablement la miniature, la vue de ses petits chefs-d'œuvre donna naturellement à sa fille quelque attrait pour le dessin ; et, sous l'habile direction de M. Hoyer, elle fit dans cet art des progrès très-satisfaisants. Un album dessiné tout entier de sa main, et que l'on conserve avec une sorte de vénération, peut donner une idée de son bon goût ainsi que de la légèreté et de la souplesse de son crayon. Elle avait le coup d'œil juste ; et, dans la suite, on remarqua qu'elle appréciait assez bien le mérite d'un tableau.

Quand elle était à la campagne, elle se plaisait à accompagner son père à la chasse, et y montrait un courage et un sang-froid peu ordinaires à son sexe. Elle ne redoutait pas même l'apparition des sangliers ; et un jour qu'il s'en présenta un à ses côtés sans qu'elle s'y fût attendue, elle osa le regarder en face sans trop d'émotion.

M. de Pouilly aimait chaque année à réunir, dans son château d'Arcis-le-Ponsart, de nombreux invités. MM. de Courval, de la Tour du Pin et autres personnes distinguées s'y rendaient d'ordinaire accompagnés de leurs meilleurs limiers, et passaient ainsi agréablement plusieurs jours au milieu des plaisirs de la chasse. Dans ces circonstances, sous la direction de sa mère, mademoiselle de Pouilly, dans tout l'éclat et la fraîcheur de sa jeunesse, faisait avec une grâce parfaite les honneurs du château.

Mais ces premiers succès n'entretenaient dans son cœur aucune pensée de vanité. Elle se disait à elle-même que la beauté est de peu de durée, et qu'il est essentiel de s'attacher à acquérir des qualités solides qui puissent être agréées de Dieu et utiles au prochain.

IV

Pour l'aider dans cette culture de son âme et dans le perfectionnement de son caractère, elle eut le bonheur de rencontrer à Soissons un guide sûr et prudent dans la personne d'un ancien supérieur du grand séminaire de Versailles, M. l'abbé Formantin, homme grave, qui connaissait le monde et le cœur humain, écrivain de bon goût et orateur éloquent. Mgr Leblanc de Beaulieu l'avait, en 1810, nommé chanoine honoraire ; puis, en 1814, chanoine titulaire et vicaire général. Quand il viendra à mourir, en 1828, la Providence lui aura préparé un digne successeur, également habile dans la direction des consciences, M. l'abbé Ruellan, Breton d'origine, ami intime et commensal de Mgr de Simony. Ce prélat, sur la recommandation du vénérable supérieur de Saint-Sulpice, M. l'abbé Duclaux, l'avait appelé du diocèse de Rennes, où il professait avec beaucoup de distinction la théologie. Quoique M. Ruellan ne fût âgé que de trente ans quand il se fixa à Soissons, la solidité de son esprit, sa science ecclésiastique, ses connaissances variées et sûres, ses manières simples et nobles tout à la fois, son intelligence peu commune, l'avaient fait immédiatement apprécier, et on recherchait sa conversation toujours aussi instructive qu'agréable. Pendant les vingt-cinq ans que la ville de Soissons eut l'avantage de le posséder, il fut un sage conseiller pour son évêque et un guide spirituel (1) fort estimé de l'élite de la société.

---

(1) M. Ruellan peut être envisagé sous différents aspects : le directeur, l'homme de société est celui que nous venons de caractériser ici ; — l'administrateur a été dépeint dans notre ouvrage intitulé : *Soldat et prêtre*, un vol. in-8, chez Sarlit.

On comprend la salutaire influence que de tels directeurs ont dû avoir sur l'esprit si droit et naturellement
si docile de mademoiselle de Pouilly. Mais elle trouva
aussi dans les conseils de son père et de sa mère, ainsi
que dans les livres de la bibliothèque choisie de la maison paternelle, tous les moyens de perfectionner son
éducation.

Elle lut d'abord quelques chapitres du *Traité des Études* de Rollin, que son père lui avait indiqués. Cette
lecture lui montra le but qu'une jeune personne ne doit
pas perdre de vue, si elle veut acquérir les connaissances
et les habitudes en rapport avec le rôle qu'elle est appelée à remplir dans la société et dans l'intérieur de sa
maison.

Les *Figures de la Bible* de Royaumont, l'*Histoire de la
Religion et de l'Église* de Lhomond, le *Grand Catéchisme
de Fleury* (1), le *Catéchisme de Montpellier* (édition cor-

---

(1) La première édition avait été condamnée par décret de l'*Index,* 1 avril 1723, *donec corrigatur*. Depuis, des éditions corrigées
soigneusement ont été publiées, entre autres celle de Séguin, d'Avi-
gnon.—Egalement les *Instructions générales en forme de catéchisme,* publiées par l'évêque de Montpellier, Colbert de Croissy,
ont été mises à l'index en 1721. — Mais, en 1747, son successeur,
M. Berger de Charancy, en donna une nouvelle édition corrigée.
C'est la seule dont il soit permis de se servir.

rigée par M. de Charancy), un abrégé des *Vies des Saints*, le *Livre des Évangiles*, et les *Fondements de la Foi*, de l'abbé Aymé, complétèrent peu à peu son instruction religieuse. Pendant les cinq ou six années qui précédèrent son mariage, elle y joignit l'étude de quelques livres anglais, et lut *avec suite* et par ordre les *Histoires ancienne* et *romaine* (1) de Rollin, l'*Histoire des Empereurs* de Crevier, l'*Histoire universelle* de Bossuet, et une *Histoire de France*.

Les grands atlas de cabinet de son père lui permettaient de reconnaître sur les cartes les lieux où s'étaient passés les événements des histoires qu'elle étudiait.

Ces études solides ne lui laissaient pas, comme on peut

---

(1) « Après les instructions religieuses qui doivent tenir la première place, je crois qu'il n'est pas inutile de laisser aux filles, selon leur loisir et la portée de leur esprit, la lecture des livres profanes qui n'ont rien de dangereux pour les passions : c'est même le moyen de les dégoûter des comédies et des romans. — Donnez-leur donc les *histoires grecque et romaine;* elles y verront des prodiges de courage et de désintéressement. — Ne leur laissez pas ignorer l'*histoire de France,* qui a aussi ses beautés; mêlez celle des pays voisins et les relations des pays éloignés judicieusement écrites. Tout cela sert à agrandir l'esprit et à élever l'âme à de grands sentiments, pourvu qu'on évite la vanité et l'affectation. » (FÉNELON, *Education des filles.*) — Lire les trois lettres de Mgr Dupanloup à M. Duruy, sur l'éducation des filles. Chez Douniol. *La Femme chrétienne et française,* par le même.

le conjecturer, beaucoup de temps pour lire des romans. Aussi n'en lisait-elle aucun. Le goût qu'elle avait pour la vérité la laissait indifférente à tous ces produits de l'imagination, dont le résultat naturel est de fausser l'esprit et d'amollir le cœur. C'est en effet rendre un bien mauvais service aux jeunes personnes que de leur mettre entre les mains, comme on le fait aujourd'hui, des romans, des feuilletons, des journaux à un sou qui renferment presque toujours des choses dangereuses, ou contre la foi ou contre les mœurs. Quand elles en ont fait leur lecture habituelle, elles ne peuvent plus supporter un seul livre tant soit peu sérieux, et elles se privent ainsi des vrais moyens de s'instruire. Nous déplorons que, dans les bibliothèques populaires catholiques, l'état actuel des esprits force, pour ainsi dire, à y faire entrer un si grand nombre de romans. L'histoire proprement dite atteindrait bien mieux le but qu'on se propose : la moralisation du peuple.

« Les romans et les pièces de théâtre d'aujourd'hui, où tout l'intérêt est pour la femme adultère, et toutes les railleries pour le mari outragé, sont, dit M. Jules Simon, un véritable attentat contre les mœurs. Il est impossible de se plaire à de telles lectures et de conserver l'horreur du vice. »

« Au milieu de toutes ces orgies factices d'une littérature qui ne se respecte pas, dit un autre auteur, parmi toutes ces situations forcées, ces sentiments exagérés et ces conduites romanesques, l'imagination se souille, le sens moral s'affadit, l'esprit se fausse, le cœur se gâte, les passions se réveillent et la vertu s'expose. »

Quand M. de Pouilly remettait à sa fille un volume pour en faire la lecture, il voulait qu'elle le lût tout entier, au lieu de se contenter de le parcourir et d'en lire au hasard quelques pages ; et, quand l'ouvrage en valait la peine, il lui conseillait de le lire une deuxième et même une troisième fois, afin d'en tirer tout le fruit possible. Il prenait ensuite un plaisir singulier à interroger sa fille sur ses lectures, par manière de conversation, et il la faisait s'expliquer sur les hommes et sur les choses, sur les travers de l'esprit humain, sur la moralité des événements, redressant au besoin ses idées, si par hasard elle en émettait qui manquassent de justesse, ce qui était fort rare. Il n'exigeait pas qu'elle retînt minutieusement des milliers de dates inutiles ; il lui suffisait qu'elle se bornât à mettre dans sa mémoire celles des principales époques et des faits particuliers les plus importants.

Une partie des soirées était employée à des conversations utiles et à des lectures à haute voix. Les chefs-d'œuvre de notre littérature y étaient lus, analysés, commentés, appréciés et comparés entre eux. Mademoiselle de Pouilly retira un grand profit de ces exercices ; et, jusque dans sa vieillesse, lorsque l'occasion s'en présentait, elle étonnait par la manière dont elle énonçait son jugement sur La Fontaine, Boileau, Corneille, Racine, et même sur quelques auteurs étrangers. Quand elle fut maîtresse d'elle-même et de son temps, elle continua l'usage des lectures en commun, et acquit ainsi une foule de connaissances aussi variées qu'étendues, mais que, par modestie, elle s'abstenait souvent de faire paraître.

De son côté, madame de Pouilly faisait ses efforts pour ne point faillir à sa noble tâche ; elle comprenait que l'instruction chez la femme (1) peut avoir une grande influence sur l'éducation des enfants et sur le bon esprit de la famille. Le livre de Fénelon sur l'*Éducation des filles* était son principal guide ; elle le lisait et le relisait sans cesse, se pénétrait de son esprit et s'attachait à mettre en pratique ses sages conseils. Elle suivait sa fille dans le détail de ses actions, voulait qu'elle devînt une femme soigneuse, active, exacte à tout ce qui lui était prescrit, attentive à être agréable aux autres ; exigeait que sa

---

(1) Lire l'ouvrage intitulé : *Études des femmes,* par Mgr Dupanloup. Douniol.

chambre fût parfaitement en ordre, que ses vêtements, son linge et les autres effets à son usage fussent toujours à leur place ; de plus elle mettait à l'épreuve l'intelligence et le bon sens qu'on remarquait en sa fille, lui faisait raisonner tout le détail de sa conduite ; étudiait ses défauts, son caractère, ses manières d'être avec le monde, et l'habituait à agir par raison et par l'idée du devoir plutôt que par suite d'une première impression.

Pleine de sollicitude, cette bonne mère s'attachait à lui former la conscience, lui enseignait à écouter toujours son témoignage, à n'aller jamais contre ses inspirations ; elle ne lui donnait pour compagnes que de jeunes personnes dont la tenue et la modestie ne faisaient pas contraste avec ses leçons, et éloignait avec soin toutes celles qui se faisaient remarquer par leur coquetterie ou leur ton et leur désinvolture trop libres et trop hardis. Elle lui recommandait la franchise, la discrétion, la réserve dans les paroles ; tenait la main à ce qu'elle fût toujours occupée, soit par les études sérieuses dont nous avons parlé plus haut, soit par les arts d'agrément, soit par des ouvrages manuels.

Son attention allait jusqu'à lui apprendre la plupart des jeux de société, afin que, dans quelque cercle qu'elle se trouvât, elle pût se rendre agréable aux personnes invitées, en acceptant de faire avec elles la partie qui leur plaisait davantage. « Savoir se gêner, et même s'ennuyer, pour l'agrément d'autrui, est, lui disait-elle, un des préceptes du savoir-vivre , et une des manières de pratiquer la charité chrétienne. »

A mesure que sa fille croissait en âge, elle l'accoutumait peu à peu à la tenue des comptes, et lui confiait la surveillance ou la direction de certaines parties de l'administration de la maison.

Le plan d'études et les occupations sédentaires dont nous avons parlé furent forcément interrompus en 1814 et 1815 , lors de l'invasion des armées alliées. Mademoiselle de Pouilly suivit alors ses parents en Normandie, et, avec la famille de Breuvery, habita la ville d'Evreux. Plus tard, elle les accompagna deux fois en Suisse. De ces diverses excursions elle conserva toujours de fort agréables souvenirs.

Ce qui augmentait pour elle l'agrément de ces voyages, c'est qu'elle n'était séparée ni de sa mère ni de son père. Les conversations de M. de Pouilly étaient pleines d'intérêt. Il s'était trouvé, dans sa jeunesse et jusqu'à son mariage , en rapport avec un grand nombre de personnes célèbres, tant en France qu'en pays étranger. Il avait séjourné en Angleterre, en Allemagne, en Pologne, etc.

> Quiconque a beaucoup vu
> Peut avoir beaucoup retenu,

dit La Fontaine ; **M.** de Pouilly avait, en effet, beaucoup retenu. Sa prodigieuse mémoire lui fournissait à propos une foule d'anecdotes et d'enseignements propres à instruire une jeune personne, à lui donner quelque connaissance du monde et à la prémunir contre les dangers qu'on y rencontre.

V

La restauration des Bourbons en 1814 avait réveillé dans le cœur de **M.** de Pouilly ses vieux sentiments monarchiques.

Ancien officier de dragons sous Louis XVI, il salua avec enthousiasme le retour de l'ancienne dynastie de nos rois, alla au-devant de Louis XVIII, et fit partie de son nombreux cortége, le jour de l'entrée du prince exilé dans *sa bonne ville* de Paris. — Lors de l'établissement des Chambres, il fut nommé député de la Marne par la ville de Reims.

Il n'est pas de notre ressort de discuter ses opinions

politiques, ni de donner des détails sur la part qu'il prit aux affaires. Nous faisons seulement remarquer que sa qualité de député fut pour lui une occasion de réceptions et de soirées plus multipliées.

M. de Pouilly n'était pas de ces riches qui ne se font remarquer que par l'étroitesse des idées et la mesquinerie dans les dépenses et jusque dans leurs libéralités ; il avait au contraire l'âme grande et généreuse ; c'était pour lui un véritable plaisir de recevoir à sa table et dans ses salons l'élite de la société soissonnaise, les de Vuillefroy, les Brossins de Méré, les Chabaille d'Auvigny, les de Marcilly, les Branche de Flavigny, les Bernier, les de Lesbros, la générale Desjardins, les Godart de Rivocet, les Chastenet de Puységur, les Viels de Nogent, les officiers de l'état-major de la place, etc. Egalement les châtelains et châtelaines des environs, dont plusieurs étaient unis à la famille par des liens de parenté, se rendaient volontiers à ces fêtes à la fois si animées et si cordiales. Dans ces brillantes réunions figurait nécessairement mademoiselle Élisa de Pouilly ; mais si on l'eut laissé suivre ses goûts, elle aurait préféré une vie moins bruyante et moins mondaine.

Depuis plusieurs années, en effet, mademoiselle de Pouilly s'efforçait de mener une vie vraiment chrétienne.

Elle aimait Dieu de tout son cœur. Elle ne se contentait plus d'assister à la messe les dimanches et fêtes, elle y allait encore dans la semaine, chaque fois qu'elle le pouvait sans contrarier ses parents. Elle ne communiait à cette époque que quatre ou cinq fois par an; les personnes qui passaient alors pour avoir de la religion ne faisaient pas autrement. Cet éloignement trop respectueux et trop craintif à l'égard du sacrement de l'Eucharistie était un reste de cet esprit janséniste malheureusement favorisé, dans le diocèse de Soissons, au milieu du siècle dernier, sous l'épiscopat de M. de Fitz-James (de 1739 à 1764).

Mais si elle approchait rarement de la table sainte, elle s'y préparait du moins avec le plus grand soin un mois à l'avance; et, pendant le même espace de temps, elle s'appliquait à en conserver les fruits, selon le vœu de l'Eglise, *ut redemptionis tuæ fructum in nobis jugiter sentiamus.*

Surtout dans ces jours de préparation éloignée ou d'action de grâces prolongée, elle se serait volontiers abstenue de paraître au milieu des réunions mondaines, telles que soirées, bals, etc.; mais ses parents tenaient à l'y conduire, et elle subordonnait alors sa propre inclination à leurs désirs, ne croyant pas qu'il y eût dans cette condescendance quelque chose qui blessât la conscience.

Dans son innocente simplicité, elle ne voyait dans les

danses ordinaires et dans les quadrilles, en usage à cette
époque, qu'un pur exercice corporel, qui répondait bien à
la pétulance de caractère de sa première jeunesse, et elle
ne refusait pas de se prêter *modérément* à ce genre de
récréation, avec une parfaite candeur, sous les yeux de
Dieu et de sa mère, et toujours avec la réserve convenable, se possédant elle-même et ne se laissant pas entraîner
à un plaisir passionné.

Il lui est même arrivé à Arcis, en certains jours de fête,
et sur la place publique, de se mêler quelques instants,
sans difficulté ni scrupule, aux rondes des gens du village,
n'ayant d'autre intention que de leur témoigner de la
bienveillance et d'entrer dans les vues de ses parents.

Elle ne soupçonnait pas qu'un délassement, innocent
en soi, et où elle n'apercevait aucun danger pour elle-
même, pût cependant, *pour d'autres* qui auraient eu des
dispositions moins pures que les siennes, devenir une
occasion prochaine d'offenser Dieu grièvement.

Du reste, sans avoir la prétention de censurer ses compagnes qui croyaient pouvoir agir autrement, elle mit
toujours une louable fermeté à s'abstenir complètement
de la VALSE, genre de danse venu de l'Allemagne et introduit en France, surtout depuis l'époque dissolue du
Directoire.—A plus forte raison eût-elle refusé de parti-

ciper aux danses modernes dont nous parlerons à la fin de ce chapitre.

Quant à la mise excentrique et peu décente que voulai imposer la tyrannie d'une coutume toute païenne, mademoiselle de Pouilly était trop convaincue que la modestie et la pudeur sont le plus bel ornement de la femme (1), pour paraître dans les salons avec une tenue et un costume que sa piété n'aurait pu approuver. Elle suivait sur ce point les inspirations de sa conscience, si conformes à l'enseignement traditionnel de l'Église dans tous les siècles et jusqu'aujourd'hui.

« Que votre femme et vos filles, disait encore naguère un illustre archevêque (2), se composent, à force de modestie et de vertu, une grâce et une majesté qui les accompagnent partout comme une escorte angélique, et qui leur servent à la fois de parure et de protection. »

Fénelon, écrivant à une dame du grand monde, ne s'exprimait pas moins clairement :

« Ne vous relâchez jamais SUR AUCUNE DES IMMODESTIES

---

(1) Nous avons connu une dame fort aimable qui ouvrait souvent ses salons à l'élite de la société soissonnaise. Au bas de ses lettres d'invitation, elle écrivait toujours ces mots : *robes montantes.* Et les invitées se conformaient à sa recommandation.

(2) Mgr Darboy, archevêque de Paris.

qui sont indignes du Christianisme. **Ayez horreur des nudités de gorge**, et ne hasardez pas votre âme et celle de votre prochain pour une folle vanité (1). »

Et, en effet, tous ceux qui ont connu dans le monde mademoiselle de Pouilly, sont unanimes pour rendre témoignage de l'exquise modestie qui paraissait dans sa mise, dans son maintien et dans ses paroles. Elle avait trouvé dans sa foi et dans la délicatesse de sa conscience le moyen de concilier sa piété avec quelques-unes des exigences de sa position sociale. Cette réserve qui accompagnait ses moindres démarches, rehaussait singulièrement la grâce naturelle qu'elle avait reçue de Dieu, et commandait à tous l'estime et le respect. *Gratia super gratiam mulier sancta et pudorata.* (Eccli. 26, 19.)

VI

Jusqu'à l'âge de dix-neuf ans, mademoiselle de Pouilly avait un certain embonpoint et était d'une fraîcheur re-

---

(1) Voir sur ce même sujet la note complémentaire que l'auteur a mise à la suite de ce chapitre, pages 31-38.

marquable ; elle était la joie et l'espérance de sa famille. Mais à partir de cette époque , il se fit un changement assez notable dans sa santé.

Une des causes de ce changement fut le traitement que lui prescrivit un médecin de Paris. Pendant les huit mois qu'elle garda la chambre à cause d'un mal de pied, on la soumit à un emploi peut-être exagéré de sangsues et on attaqua en elle les sources mêmes de la vie.

L'autre cause est toute morale et tient à ses scrupules religieux. Mademoiselle de Pouilly avait une conscience timorée ; pour rien au monde elle n'aurait désobéi aux lois de Dieu et de l'Église. Or, au sortir de la révolution et sous le premier Empire, beaucoup de personnes n'avaient pas encore repris l'usage du maigre , les jours où , dans un but de pénitence , l'abstinence des viandes est prescrite. La maison de M. de Pouilly n'était pas, sur ce point, plus régulière que les autres. Très-certainement on n'y affectait pas formellement le mépris des préceptes de l'Église , mais on les oubliait ou en s'en dispensait facilement.

Lors donc que , les jours maigres et même pendant le carême tout entier, mademoiselle de Pouilly ne voyait sur la table que des aliments gras, ne voulant pas, d'un côté, participer à la prévarication , et , d'un autre côté , n'osant pas exprimer sa pensée par respect pour ses parents, elle faisait semblant de prendre part au repas comme les autres convives; mais, en réalité, elle laissait sur son assiette la viande qu'on lui avait servie, et se contentait de légumes ou de quelques fruits. Ce petit manége, si ingénieux et si funeste à la fois, passait inaperçu aux yeux de ses parents, ou bien ils attribuaient son extrême sobriété à la délicatesse de son goût ou à la faiblesse de son estomac.

Pour ne pas éveiller l'attention des convives sur le véritable motif de sa conduite les jours d'abstinence, mademoiselle de Pouilly se comportait à peu près de même les jours où l'usage du gras était licite, et semblait montrer peu d'attrait pour les viandes qu'on lui servait.

Sans doute, par sa fermeté et sa persévérance à observer ainsi la loi de l'abstinence, elle a fait preuve d'une obéissance exemplaire et d'une grande force de caractère; néanmoins, il est regrettable que, en ces circonstances, elle ait pris par elle-même une détermination aussi rigoureuse, au lieu de faire connaître à une personne grave et instruite le cas embarrassant où elle se trouvait. On lui aurait alors indiqué les moyens d'être fidèle à Dieu sans compromettre aussi gravement une santé qui jusque-là n'avait rien laissé à désirer.

Dans la suite, mademoiselle de Pouilly avouait, sans détour et sans chercher à s'excuser, le tort qu'elle avait eu de ne pas s'expliquer plus franchement sur ce qui tourmentait alors sa conscience.

Il n'est pas dans l'ordre de la Providence que nous soyons à nous-mêmes nos propres guides.

ECLAIRCISSEMENT

**EN FORME DE DIGRESSION SUR QUELQUES PRINCIPES ÉNONCÉS
DANS LE CHAPITRE SECOND.**

Le point de morale pratique que nous avons touché dans le paragraphe V^e du précédent chapitre a une assez grande importance pour qu'on nous sache gré de transcrire ici, par manière de digression, le sentiment de plusieurs auteurs graves, au sujet des plaisirs et des costumes tels qu'ils sont aujourd'hui en usage dans le monde dit *comme il faut.*

« J'ai toujours cru les bals dangereux, écrit le comte de Bussy-Rabutin ; ce n'a pas été seulement ma raison qui me l'a fait croire, ça encore été mon expérience ; et quoique le témoignage des Pères de l'Église soit bien fort, je tiens que sur ce chapitre celui d'un courtisan doit être de plus grand poids. » (*Discours à ses enfants.*)

Le plus doux et le plus aimable, mais aussi le plus exact des directeurs, saint François de Sales, s'exprimait ainsi au sujet des danses (qui étaient cependant bien loin de ressembler à celles d'aujourd'hui) :

« Les danses et bals sont choses indifférentes de leur nature; *mais selon l'ordinaire façon avec laquelle cet exercice se fait, il est fort* penchant et *incliné du côté du mal, et par conséquent plein de danger et de péril.* — Je vous dis des danses, Philothée, comme les médecins disent des champignons : *les meilleurs n'en valent rien,* et je vous dis que *les meilleurs bals ne sont guère bons....* Si par quelque occasion, de laquelle vous ne puissiez pas vous bien excuser, il faut aller au bal, prenez garde que votre danse soit bien apprêtée. — Mais comment faut-il qu'elle soit accommodée ? *de modestie, de dignité* et *de bonne intention.* Dansez peu et peu souvent.

« O Philothée, ces *impertinentes récréations sont ordinairement dangereuses :* elles dissipent l'esprit de dévotion, allanguissent les forces, refroidissent la charité et réveillent en l'âme mille sortes de mauvaises affections; c'est pourquoi il en faut user avec une grande prudence. (*Introduction à la vie dévote,* 3e p., chap. 33. — Voyez aussi le chap. 34.)

Msr Mermillod, évêque d'Hébron, ce prédicateur si aimé de la haute société, s'exprimait ainsi dans ses conférences aux dames, en l'année 1865 :

« Que les dames qui sont dans la *périlleuse nécessité* d'aller dans le monde, ne pactisent jamais avec l'esprit mondain; tout en se pliant à de légitimes exigences, qu'elles ne passent jamais les limites du devoir, ni la barrière *d'une noble et gracieuse modestie;* que leur attitude soit chrétienne, et qu'elles ne se compromettent jamais avec ces *enlacements* et ces *tourbillonnements que les mondains eux-mêmes trouvent imprudents ou coupables.* »

« La piété, dit un autre prédicateur célèbre, ne se récrie ni contre les distractions honnêtes, ni contre la distinction et l'élégance; mais elle réprouve l'immodestie et l'inconvenance. Elle s'accommode de la grâce et de la beauté qui savent demeurer pudiques; mais elle a horreur de toutes ces poses efféminées, de toutes ces démarches langoureuses, de toutes ces recherches calculées et provocatrices; elle répudie tout ce qui énerve, tout ce qui est le poison des âmes. »

« Il est de notre devoir, décrètent les Pères du concile plénier tenu à Baltimore en 1866, de prémunir les fidèles contre ces divertissements qui peuvent si facilement devenir pour eux une occasion de péché, et surtout *contre ces danses qui sont maintenant à la mode* (1), qui révoltent tout sentiment de décence et de délicatesse, et qui offrent les plus grands dangers pour les mœurs. »

« O femmes, que votre vanité est triste dans vos soirées! Vous livrez aux regards, aux discussions d'un public ricaneur, ce que la simple pudeur humaine vous oblige de voiler devant votre fils, devant votre vieux père, devant vos domestiques.... Et, ce qui m'étonne le plus, c'est que vos maris sont là, c'est que leurs générosités ont provoqué ou facilité ces triomphes imprudents. (*Retraite aux dames* de Bordeaux, en 1864.)

Voici ce que le R. P. Félix disait à Paris, du haut de la

---

(1) Il y aurait pour les mères de famille une véritable utilité à se procurer et à lire attentivement les opuscules suivants : — 1º *Aux mères, à leurs filles et aux jeunes femmes du monde*. Appréciation des danses et des bals d'aujourd'hui au point de vue moral et chrétien. 1 vol. in-18 de 220 pag., 1860. Prix : 1 fr., chez Josse, libraire à Paris. — 2º *Réforme de la danse des salons*, par Gustave Boullay. Paris, chez Dentu, 1855. 50 centimes.

chaire de Notre-Dame, devant un auditoire de plus de cinq mille personnes, appartenant aux classes les plus élevées de la société :

« Que pouvions-nous attendre de vos soirées, de vos bals, de vos fêtes, de vos danses et de tous ces plaisirs légers, brillants et folâtres, qu'on appelle la vie mondaine?... Ah! ce que nous pouvions attendre, c'est ce qu'ils nous ont donné : du sensualisme, mais du sensualisme sans mesure et sans pudeur, du sensualisme provocateur, immoral.... — On dit, Messieurs, que sous vos regards le despotisme du siècle consacre dans le costume de vos femmes et de vos filles des audaces qui eussent étonné la pudeur de vos pères. On dit que des nudités, encore plus réprouvées par la morale qu'elles ne sont autorisées par la mode, ne sont plus un embarras pour vos yeux devenus hardis! On dit que des pères et des ̀res se rencontrent, subjugués eux aussi par la puissance du préjugé, qui livrent leurs enfants, emportés dans des tourbillonnements sensuels et enivrants, à des attitudes, à des poses, à des rapprochements, à des contacts, j'allais dire, avec un prédicateur illustre, à des *enlacements* qui réjouissent les vicieux et compromettent les innocents. Entendez-vous, Messieurs? qui réjouissent les vicieux et compromettent les innocents!

« Je m'arrête!... La corruption du siècle enchaîne mon discours ; c'est le caractère d'un siècle profondément vicieux, de ne plus permettre qu'on fasse entendre aux oreilles ce qu'il ose partout étaler aux regards, et de trouver étrange que l'on ose bien dire ce qu'il ne craint pas de faire. »

(R. P. Félix, S. J. Conférences de 1857.)

Ces appréciations, faites par des hommes d'une aussi grande expérience et d'un esprit aussi élevé, valent bien la peine que les mères franchement chrétiennes les prennent en considération.

L'estime que les hommes ont pour les femmes est en raison du respect que les femmes ont pour elles-mêmes.

Une femme qui ne rougit pas de se montrer (1) en public avec une mise et des manières peu modestes, peut-elle de bonne foi espérer qu'on la croira sur parole quand elle affirmera sa piété?

Les classes élevées n'auront pas de peine à comprendre qu'il est de leur devoir et même de leur intérêt, de donner aux classes moyennes, au peuple et *aux gens qui les servent*, des exemples de modestie, de réserve et de pudeur. Elles tiendront à se faire un point d'honneur de n'être jamais pour les faibles une occasion de scandale et de péché. *Væ homini per quem scandalum venit* (S. Matt., 18).

On aimerait à apprendre que, pour fruit de commu-

---

(1) Voir dans l'*Argus soissonnais* la *Correspondance parisienne,* n°ˢ du 4 et du 18 novembre 1866. Le dernier article est terminé par ces mots : « Les plus titrées et (ajoutons-le promptement) les plus chastes seront cet hiver au bal presque aussi décolletées que la nymphe de la *Source* de M. Ingres, ou de la pièce qui porte ce nom : on ira ensuite aux conférences du Père Hyacinthe avec des robes montantes, dites robes de sermons, et cela fera compensation! » — Où donc allons-nous?

nions habituellement fréquentes, ou bien à la suite d'une retraite ou d'une station de carême, les dames pieuses, habitant la ville ou la campagne, se sont réciproquement promis que, dans les soirées du monde, leur mise, leur tenue, leur désinvolture ne seront jamais en opposition avec la modestie et la piété dont elles font ouvertement profession.

Du reste, nous avouons sans difficulté que *ce que l'on éprouve dans les réunions mondaines dépend beaucoup et du milieu dans lequel on se trouve* (1), *et surtout de ce que l'on est soi-même au for intérieur de sa conscience.* Mais la prudence chrétienne prescrira toujours de n'exposer ni soi-même ni les autres, sans nécessité, à de réelles tentations. *Celui qui aime le péril y périra* (Eccli., 3). N'est-il pas à craindre que, de nos jours, on abuse un peu trop de cet adage : *Omnia munda mundis* (tout est pur pour ceux qui sont purs)?

Toutefois, lorsque les convenances et la position sociale engagent à prendre part aux divertissements du monde,

---

(1) A Paris, dans beaucoup de villes des départements et dans beaucoup de villages, certains bals, certaines danses suivies souvent de promenades nocturnes, ont poussé tellement loin le laisser-aller et la licence que la morale, même la plus relâchée, ne pourra jamais ni les tolérer, ni les excuser.

certaines personnes d'ailleurs chrétiennement élevées,
animées d'intentions pures, bien résolues à veiller sur
leur cœur et à ne pas transgresser en quoi que ce soit la
loi de Dieu,— nous disons que, dans ces cas exception-
nels, il n'appartient qu'aux directeurs des consciences de
déterminer, pour chacun en particulier, ce qui peut être
toléré ou non en ces matières délicates, et d'indiquer les
moyens les plus propres à en atténuer ou à en neutrali-
ser le danger.

Le R. P. Gury, dans la XVIe édition de sa *Théologie
morale* (traité *des vertus*, article *du scandale*), donne au
sujet des divertissements, des spectacles, de la mise et de
la tenue qui sont en usage dans le monde, des principes
et des règles d'après lesquels on peut diriger sa conduite.
Voir au tome 1er, p. 169-179. — Voir aussi le cardinal
Gousset, *Théologie morale*, t. 1er, p. 291 et suivantes,—
et l'*Introduction à la vie dévote*, chap. 33 et 34 de la 3[e]
partie.

Pour résumer en une seule phrase notre pensée sur le
grave sujet de la présente discussion, nous dirons :

DANS LES BALS HONNÊTES, ON NE FAIT PAS LE MAL
NÉCESSAIREMENT ; MAIS ON LE FAIT FACILEMENT.

L'expérience, hélas ! en a bien souvent fourni la preuve.

De plus, il ne faut pas se croire exempt de péché, lorsque, volontairement et par son fait, on devient soi-même une cause presque certaine de péché pour les autres.

Au reste, il est triste de le dire, le sens chrétien se perd de plus en plus (1).

On veut bien encore s'assujétir à quelques pratiques extérieures du catholicisme; on va à la messe, on se confesse, *on communie volontiers, souvent même.*

Mais il est bien entendu que c'est à condition qu'on n'exigera de vous aucun sacrifice tant soit peu pénible, qu'on ne vous retranchera rien de vos plaisirs, qu'on ne vous imposera aucune gêne et qu'on vous laissera, au milieu des enivrantes soirées du monde, montrer librement, dans tout leur éclat, ce que vous appelez vos avantages.

« Sous le règne de Claude, écrit M. Franz de Champagny, pourvu que cela ne gênât pas, on ne demandait pas mieux que d'être Romain. S'il s'agissait de porter la pourpre consulaire, de brûler un peu d'encens aux pieds de Jupiter Capitolin, on était Romain. Mais fallait-il porter

---

(1) Lire dans le *Nouveau Manuel des mères chrétiennes,* du R. P. Théodore de Ratisbonne, la XIVe méditation sur *le sens chrétien.*

la cuirasse et les 70 livres de bagage du légionnaire, etc., on disait non. Cet esprit romain ne passait pas au cœur. La vie privée protestait contre la vie publique. »

Ainsi en est-il de beaucoup de dévots et de dévotes de notre époque. On veut passer pour chrétiens et pour chrétiennes, mais on ne veut pas subir le joug de Jésus-Christ, et on se met fort peu en peine d'acquérir et de pratiquer le véritable esprit du christianisme !!!

CHAPITRE TROISIÈME

I

Mademoiselle Élisa de Pouilly avait atteint l'âge de vingt-deux ans, et elle ne se sentait pas plus portée à faire des vœux dans une maison religieuse qu'à embrasser l'état du mariage. Peut-être aurait-elle préféré rester libre de tous liens, et continuer à vivre avec ses excellents parents, pour lesquels elle avait une tendre affection.

Mais la réflexion lui fit comprendre que, lorsqu'une jeune personne est, par sa position, appelée à vivre au milieu du monde, il est d'ordinaire plus conforme aux

desseins de la Providence qu'elle ne se refuse pas à contracter une alliance où se trouvent réunies toutes les
convenances et toutes les sûretés qu'une jeune fille chrétienne peut désirer. « Le mariage, dit un auteur, est la
vocation naturelle de ceux qui n'ont pas un goût prononcé
pour l'état plus parfait de la virginité, gardée soit dans le
cloître, soit même au milieu du monde. »

Mais le choix d'un époux (1) est une affaire compliquée
de toutes sortes de difficultés. On n'est jamais sûr de
réussir. Les plus habiles voient souvent déçues toutes
leurs espérances. Il faut avouer que, la plupart du temps,
les charmes extérieurs, certains avantages temporels, un
titre de marquis, de comte, de baron, la particule *de*,
censée nobiliaire, même le simple appât d'une grande
fortune, etc., jouent un rôle trop important dans la détermination (2) des futurs époux et prévalent sur toutes
les autres considérations. « Entre deux êtres qui s'igno-

____

(1) On lira avec fruit les six conférences du R. P. Félix sur les
Progrès de la société par la famille. Elles ont été prononcées à
Notre-Dame de Paris en 1860.— Dans sa troisième conférence, l'illustre orateur développe ces trois pensées : 1° Les mœurs actuelles
empêchent les mariages de se faire ; 2° elles faussent les mariages
qui se font ; 3° elles pervertissent les mariages quand ils sont faits.

(2) « Comment se font les mariages ? se demande un auteur célèbre. C'est effrayant de légèreté, de cruauté et de folie. » (M. DE G.)

raient hier, qui se sont à peine entrevus aujourd'hui, on conclut un mariage comme on conclurait un marché. »

On oublie cette parole de l'Écriture : « Donnez votre fille à un homme de bon sens, *homini sensato da illam* » (Eccli., VII, 27); et cette autre : « Les parents transmettent une maison et des richesses, mais c'est Dieu qui donne l'épouse prudente, *domus et divitiæ dantur à parentibus; à Domino autem propriè uxor prudens* » (Prov., XII, 14).

C'est donc à Dieu qu'il faut d'abord avoir recours dans toutes les questions de mariage. Il faut réfléchir longtemps et beaucoup prier.

Il est à désirer que l'on rencontre dans les deux sujets à peu près la même condition sociale, la même éducation et une certaine égalité de fortune.

Mais ce qui importe avant tout et pardessus tout, c'est de s'assurer, autant qu'il sera possible, que le futur époux a de solides principes religieux. « La famille sans Dieu, dit un auteur, est-ce encore la famille ? »

Comment, en effet, un père et une mère, qui aiment tendrement leur fille dont ils connaissent la piété, peuvent-ils s'arrêter un seul instant à la pensée de l'unir pour toujours à un homme étranger ou indifférent à tout sentiment de religion ?

Quelle somme de contentement et de bonheur peuvent-ils espérer pour leur fille, si elle ne peut jamais ni prier avec son mari, ni s'entretenir avec lui des destinées éternelles, des devoirs réciproques que Dieu impose rigoureusement aux personnes engagées dans l'état du mariage, de l'éducation chrétienne à donner aux enfants, etc. ? Quoi! sur tout cela, cette femme, livrée à une profonde tristesse et le cœur rempli d'amertume, sera réduite à garder constamment un pénible silence, sous peine d'être en butte à des railleries, à des sarcasmes, à des querelles fâcheuses et interminables !

Il arrive cependant que, dans certaines circonstances, des parents sont amenés à accorder leur fille à un homme probe et honnête, mais qui ne partage pas, en matière de religion, la manière de voir de sa fiancée. Dans ce cas, il est de leur devoir d'exiger du futur époux (1) l'assurance positive, formelle, que leur fille aura *pleine et entière liberté d'agir en tout ce qui regarde la conscience*, et que, dans l'accomplissement de ses devoirs religieux, et sur-

---

(1) Tout récemment, une jeune fille du diocèse de Soissons a fait preuve d'un noble et ferme caractère en exigeant que le premier article de son contrat de mariage fût conçu ainsi : « Art. 1er. Le futur époux, M. N***, s'engage formellement et pour toujours à laisser à Melle N***, sa future épouse, liberté pleine et entière en ce qui concerne la religion et les pratiques religieuses. »

tout dans la fréquentation des sacrements, elle ne sera jamais ni contrariée ni gênée.

Cette promesse toutefois (qu'on ne se fasse pas illusion), n'est pas une certitude. Quelque sincère qu'elle puisse être, au moment des préliminaires du mariage, l'expérience n'autorise-t-elle pas à craindre que, une fois le mariage accompli, il y ait, sur ce point essentiel, mille mécomptes qui deviendront un véritable supplice pour la conscience de la jeune épouse? — Sans doute, si cette femme a une foi vive, si elle a un mâle courage, elle pourra faire de nécessité vertu, accepter le martyre à petit feu, et se sanctifier au milieu des amertumes et des tortures de l'esprit et du cœur...! Mais quels regrets les parents ne devront-ils pas éprouver en voyant leur fille dans une situation aussi pénible et aussi dangereuse pour son salut !

Toutefois, pour ne tomber dans aucune exagération de principes, on doit s'empresser de reconnaître qu'il peut, quelquefois, entrer dans les desseins de Dieu qu'une fille, sincèrement chrétienne, s'unisse en mariage avec un jeune homme plein d'indifférence pour la religion. Qui sait, en effet, si ces jeunes cœurs, ainsi rapprochés, ne se compléteront pas l'un par l'autre, et ne se confondront pas bientôt dans une même croyance? La bonté de Dieu est infinie. Il tient compte de la droiture d'intention, des désirs ardents de l'épouse chrétienne; et il a promis d'exaucer la prière, surtout quand elle a lui seul pour objet. Alors, quel spectacle attendrissant que celui d'un époux ramené à la foi par l'exemple de sa pieuse compagne !

Il en était souvent ainsi dans les premiers siècles de l'Église. Des femmes chrétiennes épousaient des païens, et réussissaient quelquefois à les amener peu à peu au christianisme.

Il peut en être de même de nos jours. De plus, quand même le mari ne se convertirait pas, ne donne-t-il pas quelquefois naissance à des enfants qui se font un bonheur et une gloire de pratiquer la religion, et transmettent ce pieux héritage à leurs propres descendants?

Les précautions que nous venons d'indiquer ne seront pas encore jugées suffisantes par des parents jaloux d'assurer, autant qu'il est en eux, un heureux avenir à leurs enfants. Ils tiendront à tenter encore une autre épreuve, épreuve beaucoup trop négligée de nos jours, même parmi les familles appartenant à la haute société, et chez lesquelles, hélas! on se contente d'une ou de deux entrevues pour décider un mariage.

Un père et une mère sensés voudront juger par leurs

propres yeux s'il y a espoir que les futurs époux se conviendront, que leurs caractères pourront sympathiser, qu'ils se plairont ensemble, qu'ils auront l'un pour l'autre du respect, de l'estime et du dévoûment (1), et qu'ils seront dans la disposition habituelle de se céder mutuellement par affection ou par raison.

Le mariage, en effet, n'est pas une fête perpétuelle, et les époux y ont trop de devoirs sérieux à remplir et trop de sacrifices à faire pour s'y engager à la légère; et « il est naturel, dit un auteur, qu'une sincère et respectueuse sympathie, qu'une véritable estime précède le serment de s'aimer toujours jusque dans les vicissitudes et les revers de la vie. »

II

M. de Pouilly s'était déjà beaucoup occupé de chercher pour sa fille, si vertueuse et si chrétienne, un parti qui pût

---

(1) « Le mariage, dit un auteur, réclame des sentiments plus durables que ceux de l'amour; l'amitié et l'estime doivent en être le soutien; alors seulement l'union est heureuse et conserve les chances d'un bonheur durable. »

lui convenir. Les prétendants, pensait-il, ne devaient pas faire défaut. La dot était satisfaisante, et l'honorabilité de la famille incontestable. Mais ce qui paraissait devoir l'emporter sur tous les autres avantages, c'étaient les rares qualités de mademoiselle Élisa. Plusieurs jeunes hommes de talent, occupant tous dans le monde un poste distingué, auraient vivement désiré posséder ce trésor : *qui invenit mulierem bonam, invenit bonum, et hauriet jucunditatem à Domino* (Prov., XVIII, 22).

Mais celui dont les idées et les aspirations vers le ciel se rapprochaient le plus de la manière de voir de mademoiselle Élisa, fut précisément celui qui ne fut pas agréé, parce qu'il habitait Paris. M. de Pouilly ne voulut pas se séparer de sa fille en consentant à la marier.

Sans doute, c'était une preuve de son affection pour sa chère Élisa, mais cette affection n'était point exempte d'un certain égoïsme. Dieu demande des parents un peu plus d'abnégation, quand il s'agit de l'établissement de leurs enfants. Il est vrai qu'il se rencontre de jeunes mariés qui sont heureux de mener une vie commune avec leurs pères et pères ; mais c'est l'exception. La plupart du temps, le jeune couple préfère une vie indépendante et une habitation séparée. Les parents qui insisteraient trop pour conserver leurs enfants auprès d'eux, commettraient une imprudence qui pourrait avoir des suites funestes.

« Le mari, dit l'Évangile, quittera son père et sa mère et s'attachera à sa femme, *homo relinquet patrem et matrem et adhærebit uxori suæ;* » et réciproquement, la femme quittera son père et sa mère et s'attachera à son mari. Voilà la loi chrétienne. Dès qu'une fille a engagé sa foi devant les autels, elle est avant tout à son mari ; le père et la mère ne doivent plus avoir dans son affection que le second rang, ou plutôt on continue d'aimer ses parents comme auparavant (1) ; mais on aime sa mère comme une mère et sa femme comme sa femme. Ce sont deux affections réelles, mais d'un genre différent.

L'oubli de ces principes a été souvent une cause de mésintelligence entre les pères et mères et l'un des époux, et quelquefois entre les époux eux-mêmes.

Dans les premières années de la Restauration (de 1815 à 1820), la plupart des jeunes gens, de l'âge de 25 à 35 ans, avaient été élevés dans les écoles centrales de la République ou dans les lycées du premier Empire. L'es-

---

(1) Lisez dans le *Nouveau Manuel des mères chrétiennes,* du R. P. Ratisbonne, la méditation V^e, *Organisation du cœur.*

prit religieux n'était pas leur qualité dominante ; le séjour des camps, la vie de soldat ou d'officier, n'avaient pu, sous ce rapport, modifier beaucoup leur manière de voir. Ils pouvaient être littérateurs distingués, savants mathématiciens, d'une bravoure à toute épreuve, nobles par le caractère ou les sentiments, mais assurément ils n'étaient pas de fervents catholiques.

Parmi les officiers qui se trouvaient à Soissons en l'année 1818, M. de Pouilly avait remarqué le capitaine Broquart de Bussières, alors âgé de vingt-sept ans, un de ceux que le gouvernement royal avait chargés de diriger la réparation des anciennes fortifications de la place, ainsi que la construction de plusieurs nouveaux bastions.

Cet officier était originaire de la Franche-Comté, et ses ancêtres avaient occupé à Besançon des places importantes dans la magistrature. Son mérite personnel, sa science dans l'art militaire et la distinction de ses manières faisaient désirer à M. de Pouilly qu'il devînt l'époux de sa fille, quoiqu'il ne réunît pas toutes les conditions dont nous avons parlé plus haut.

L'esprit du temps et les idées personnelles de M. de Pouilly l'empêchèrent de se préoccuper des croyances du capitaine de Bussières ; le noble caractère qu'il lui connaissait lui parut une garantie suffisante du respect qu'il aurait pour les convictions religieuses de celle qu'on lui destinait pour épouse.

Mademoiselle de Pouilly, par suite de son habitude de naïve soumission à l'autorité paternelle, accueillit avec confiance les propositions de ses parents, et s'en rapporta à leur conscience, à leur amitié et à leur sagacité pour apprécier le caractère, les mœurs et l'éducation du jeune capitaine. — Il est néanmoins conforme à la vérité d'ajouter qu'elle-même avait déjà paru assez satisfaite du ton et des manières du capitaine de Bussières, ainsi que de ses conversations sensées et intéressantes, dans les visites que, depuis quelque temps *et sous les yeux de ses parents,* il avait été admis à faire à la maison. Elle se laissait aller à l'espérance que, dans un avenir qui n'était peut-être pas éloigné, leurs cœurs battraient à l'unisson et qu'ils rendraient ensemble leurs pieux hommages à Dieu leur créateur et leur rédempteur.

Toutefois elle demanda du temps pour réfléchir; et, après s'être consultée elle-même et avoir prié Dieu de l'éclairer, elle finit par entrer pleinement et sans arrière-pensée dans les vues de son père et de sa mère, et le mariage fut décidé.

III

Éclairée de bonne heure par les lumières de la foi, mademoiselle de Pouilly envisagea tout de suite le nouvel état qu'elle allait embrasser à son véritable point de vue, c'est-à-dire au point de vue chrétien, comme le moyen établi par la Providence *pour accroître sur la terre le nombre des enfants de Dieu*, et pour s'aider mutuellement à accomplir l'œuvre du salut éternel par la fidélité à remplir, chacun de son côté, les devoirs de son état.

Un mois à l'avance, elle purifia son cœur par le sacrement de pénitence, reçut son Dieu dans la sainte communion, distribua aux pauvres tout ce qui lui restait de l'argent que ses bons parents laissaient à sa libre disposition, redoubla ses méditations et ses prières, fit offrir plusieurs fois le saint sacrifice de la messe pour attirer sur son futur époux et sur elle les bénédictions du Ciel.

Les semaines qui précédèrent immédiatement son mariage furent consacrées au recueillement et à la retraite.

Désireuse de connaître avec plus de précision ses nouveaux devoirs, elle interrogea timidement sa mère et le directeur de sa conscience. — Il y a tant de jeunes personnes qui se marient *sans savoir ni ce qu'elles font ni ce qu'elles seront obligées, en conscience, de faire ou d'éviter !* — Elle lut, relut et médita les paroles liturgiques que l'Église met sur les lèvres du prêtre dans la cérémonie solennelle où, au nom du Très-Haut, il unit deux cœurs pour toujours et consacre leur union par l'oblation de l'auguste sacrifice.

D'après le conseil de son guide spirituel, elle passa une huitaine de jours à lire fort attentivement le *livre de Tobie* dans le texte français de la Bible.

Elle eut par là une première intelligence des obligations générales des époux, et une vue saine et nette de la sainteté et du but du mariage (1).

Elle comprit que le bon accord entre les époux n'est durable que par la pratique de la patience et du support mutuel; que la nouvelle famille dans laquelle on entre a un droit réel au respect (2) et aux égards du gendre et de la belle-fille (3); de plus, ce livre lui révéla *l'usage*

---

(1) Nous sommes les enfants des saints, nous ne pouvons nous marier comme les païens qui ne connaissent point Dieu. — Lire avec attention le verset 17e du chap. VIIe de Tobie.

(2) L'avertissant d'honorer son père et sa belle-mère (Tobie, X, 13).

(3) Après que sa mère fut morte, le jeune Tobie retourna chez *son beau-père et sa belle-mère; il eut soin d'eux,* et leur ferma les yeux (Tobie, XIV, 15).

que l'on doit faire des richesses ; la nécessité, le mérite et la douceur de l'aumône et des autres œuvres de miséricorde.

Elle ouvrit ensuite son paroissien et y lut lentement la messe du mariage, s'efforçant de comprendre toute la portée des paroles liturgiques que l'Église emploie dans l'administration de ce sacrement.

Dans les paroles de S. Paul : « Femmes, soyez soumises à vos maris comme au Seigneur, car le mari est le chef de la femme, comme Jésus-Christ est le chef de l'Église, » elle vit clairement quel rang est assigné à l'épouse dans la famille dont le mari est le chef naturel par l'institution de Dieu lui-même. — Habituée dès son jeune âge à une obéissance volontaire et spontanée envers ses bons parents, elle ne trouva rien d'extraordinaire dans la prescription, rien de difficile dans l'accomplissement de ce nouveau devoir, qui est du reste contrebalancé et fort adouci par les obligations imposées au mari par le même apôtre :

« Mari, aimez votre femme comme Jésus-Christ a aimé l'Église et s'est livré lui-même à la mort pour elle.

« Les maris doivent aimer leurs femmes comme leur propre corps. Celui qui aime sa femme s'aime lui-même, car nul ne hait sa propre chair.

« Que chacun de vous aime donc sa femme comme lui-même. » (Épître de la messe du mariage.)

Et dans son épitre aux Colossiens, S. Paul, après avoir répété le même précepte, ajoute : « Ne traitez pas vos épouses avec aigreur et rudesse (1), *viri, nolite amari esse ad illas.* » (Coloss., III, 19.)

Mademoiselle de Pouilly admirait ce code abrégé des lois fondamentales qui régissent le mariage, et fixent d'une manière nette et précise les devoirs réciproques des deux époux. Chacun d'eux, dès le premier jour de leur union, peut se mettre à la place que le Créateur lui assigne dans la famille, et contribuer, par sa fidélité à obéir aux lois divines, à y maintenir une constante et agréable harmonie.

De telles lectures préparatoires, faites en présence de Dieu, dans le secret de sa chambre, au milieu d'un profond et silencieux recueillement, laissèrent dans l'esprit

---

(1) Mulieres viris suis subditæ sint sicut Domino ; quoniam vir caput est mulieris sicut Christus caput est Ecclesiæ. — Viri, diligite uxores vestras, sicut et Christus dilexit Ecclesiam et seipsum tradidit pro eâ. — Viri debent diligere uxores suas ut corpora sua. Qui suam uxorem diligit, seipsum diligit — Verumtamen et vos singuli, unusquisque uxorem suam sicut seipsum diligat : uxor autem timeat virum suum. (Ephés., v. 23 et suivants.)

de mademoiselle de Pouilly de vives et durables impressions qui eurent sur le reste de sa vie la plus grande influence.

Un peu plus tard, elle compléta ces premières instructions par la lecture du chapitre 7e de la première épître de S. Paul aux Corinthiens ; du sermon de Bourdaloue *sur l'état du mariage*, et des chapitres 38e et 39e de la troisième partie de l'*Introduction à la vie dévote* (1), de S. François de Sales.

Dans des circonstances analogues, nous pourrions aujourd'hui conseiller en outre la lecture des conférences que le R. P. Félix a faites à Notre-Dame de Paris pendant les années 1860 et 1861. Les questions qui ont rapport au mariage, à la famille et à l'éducation des enfants, y sont traitées avec beaucoup de netteté et d'éloquence.

IV

Ce fut le 25 juillet 1820, sous l'épiscopat de Mgr Le-

---

(1) Les chapitres 38e et 39e de l'édition complète contiennent des avis spéciaux pour les personnes mariées.

blanc de Beaulieu, et dans l'église cathédrale de Soissons, que le mariage de mademoiselle Élisa de Pouilly fut célébré par M. Brayer-Pinton, curé de la paroisse, en présence d'une noble et nombreuse assistance.

Lorsque le prêtre lut dans le rituel les paroles sacramentelles :

« Désirée-Élisabeth Lévesque de Pouilly, voulez-vous prendre Charles-François-Joseph Broquart de Bussières, ici présent, pour votre légitime époux, selon le rit de notre Mère la sainte Église ? »

Chacun put admirer avec quel air de respect et de soumission elle s'inclina vers sa mère, comme pour recevoir de ses mains son époux et se conformer à ses désirs, en prononçant le *oui* décisif et irrévocable.

Touchant et antique usage, mais qui s'efface de jour en jour, au grand détriment du respect et de la condescendance des enfants envers les pères et mères.

Pendant toute la cérémonie, mademoiselle de Pouilly parut ravissante de modestie, de grâce et de recueillement.

Avec quelle attention et quelle piété elle lut, en même temps que le prêtre, les instructives et sublimes paroles de la liturgie du mariage dont on lui avait auparavant donné l'explication.

C'est Dieu lui-même qui dans sa bonté nous unit tous deux.

Deus Israel conjungat vos.

Il restera avec nous pour nous diriger dans le chemin de la vie.

Et ipse sit vobiscum.

Avec sa grâce, nous nous efforcerons tous deux de le bénir et de le louer de plus en plus.

Fac eos plenius benedicere te.

Le mariage est en réalité un grand sacrement ; il a son symbole et sa figure dans l'union de J.-C. avec son Église.

Sacramentum hoc magnum est in Christo et in Ecclesiá.

Pour nous sanctifier tous deux en remplissant les devoirs de ce saint état, le secours de Dieu créateur du ciel et de la terre nous est nécessaire, et il ne nous manquera pas.

Mittat Dominus auxilium de sancto et de Sion tueatur vos ; benedicat vobis Dominus qui fecit cœlum et terram.

C'est en vous, Seigneur, que nous espérons ; vous êtes notre Dieu, notre sort est entre vos mains.

In te speravi, Domine ; tu es Deus meus ; in manibus tuis tempora mea.

C'est en servant le Seigneur que nous serons heureux.

Beati omnes qui timent Dominum, qui ambulant in viis ejus.

Mais ce qui fit sur la jeune épouse une impression plus profonde encore, ce fut le moment où, après le *Pater*, s'étant levée de son siége, elle s'avança avec son mari dans le sanctuaire et jusqu'au pied de l'autel. Là, agenouillés tous deux et courbant respectueusement la tête, ils entendirent le prêtre prononcer cette supplication et cette bénédiction solennelle, qui doit attirer des grâces spéciales sur les époux et sur la nouvelle famille qu'ils sont appelés à fonder selon l'exprès commandement du Très-Haut (1).

---

(1) *Propitiare, Domine, supplicationibus nostris et institutis tuis, quibus propagationem humani generi ordinasti, benignus assisto; ut quod te auctore jungitur, te auxiliante servetur, etc.* Laissez-vous fléchir par nos prières, Seigneur, et accompagnez de votre grâce ce sacrement que vous avez institué pour la propagation du genre humain, etc. — Et l'oraison suivante qui commence par ces mots : *Deus, qui potestate virtutis tuæ, de nihilo cuncta fecisti; qui dispositis universitatis exordiis, homini ad imaginem facto, ideo inseparabile mulieri adjutorium condidisti, ut femineo corpori de virili dares carne principium, etc.* O Dieu, qui, par votre puissance, avez créé de rien tout l'univers, et qui dès le commencement du monde, après avoir fait l'homme à votre image, lui avez adjoint, pour être son aide inséparable, la femme que vous avez formée de lui-même, nous apprenant par là qu'il n'est jamais permis de séparer ce qu'il vous a plu d'unir; ô Dieu, qui avez consacré le mariage par un mystère si excellent, que l'alliance nuptiale est la figure de l'union sacrée de J.-C. et de son Église; ô Dieu, par qui la femme est unie à l'homme et qui donnez à leur union établie pour être le fondement de la société, la seule bénédiction qui n'ait pas été détruite, ni par la punition du péché originel, ni par la sentence du déluge, jetez un regard favorable sur votre servante qui, devant être unie à un époux, implore votre protection. Que son joug soit un joug d'amour et de paix ; que chaste et fidèle, elle se marie en Jésus-Christ ; qu'elle suive toujours l'exemple des saintes femmes ; qu'elle soit aimable pour

Aussi combien de fois, pendant sa vie, cette pieuse épouse ne relut-elle pas cette touchante prière, et toujours avec un nouveau profit pour son âme !

---

son mari comme Rachel ; sage comme Rebecca ; fidèle et comblée de jours comme Sara. Que l'auteur du mal n'ait jamais de prise dans ses actions ; qu'elle demeure ferme dans la foi et dans vos commandements ; qu'uniquement attachée à son mari, elle évite tout commerce illégitime et conserve la pureté nuptiale ; qu'elle soutienne sa faiblesse par la sévérité d'une vie régulière ; qu'elle ait une pudeur, une modestie qui inspire le respect ; qu'elle soit instruite dans la science céleste ; qu'elle obtienne une heureuse fécondité ; que sa vie soit pure et irréprochable ; qu'elle arrive au repos des bienheureux et au royaume des cieux. Enfin qu'ils voient tous deux les enfants de leurs enfants jusqu'à la troisième et quatrième génération, et qu'ils parviennent à une vieillesse qui comble leurs vœux. Par Jésus-Christ notre Seigneur. Ainsi soit-il. (*Messe du mariage.*)

CHAPITRE QUATRIÈME

Conduite de Mme de Bussières pendant les trente-trois années de son mariage.

I. La divergence dans le caractère et les goûts des deux époux n'a pas nui à leur bonne union. — II. Naissance de leur fille Cécile — III. M. de Bussières est nommé chevalier de la Légion-d'Honneur et se retire du service. — IV. Un mauvais placement de fonds. — V. M. de Bussières député de la Marne. — VI. Les occupations de Mme de Bussières dans l'intérieur de sa maison.— VII. Sa résignation dans les épreuves du mariage ; ses relations sociales. — VIII. M. de Bussières maire de Soissons ; il réorganise le collége communal.

I

Les saintes cérémonies du mariage de mademoiselle de Pouilly avec M. de Bussières sont terminées, et les jeunes époux se sont retirés du sanctuaire accompagnés

4

par les vœux les plus sincères et les plus ardents de leurs parents et de leurs amis. Il est intéressant et instructif de les suivre l'un et l'autre dans leur intérieur.

Ils sont tous deux remarquables par de précieuses qualités.

Néanmoins il existe entre eux des différences notables de caractère et de sentiment qu'il est utile de signaler.

Madame de Bussières, fidèle aux traditions de sa famille, était affectionnée à la dynastie des Bourbons et au principe de la légitimité.

M. de Bussières, quoique rallié de bonne foi à la Restauration, n'approuvait pas la marche suivie par le gouvernement royal. Il se sentait encore involontairement ému au seul souvenir des gloires de l'Empire et du nom de Napoléon.

Madame de Bussières, dans sa jeunesse, n'avait pris part aux fêtes et aux assemblées du monde que par pure condescendance aux désirs de ses parents ; la vie retirée lui plaisait davantage.

Son mari, au contraire, aimait le monde, les bals, le théâtre, les splendides soirées, les grandes réunions et la représentation.

Madame de Bussières était une catholique sérieuse et fervente ; elle mettait son bonheur dans l'accomplissement des pratiques religieuses et dans la fréquentation des sacrements.

M. de Bussières était catholique, mais il ne pratiquait pas. Il avait eu une première éducation chrétienne au sein de sa famille. Il croyait à la nécessité d'une religion, admirait la beauté de la morale évangélique, était en excellents rapports avec quelques ecclésiastiques qu'il avait eu l'occasion de connaître, — et cependant il était encore imbu de quelques-uns des préjugés antireligieux du libéralisme de son époque, il laissait son esprit s'embarrasser dans des questions secondaires ; et, emporté par le tourbillon des affaires, il ne trouvait pas le temps de chercher à éclaircir ses doutes en matière de religion ; il se défiait du clergé en général et n'aimait pas les ordres religieux.

Voilà, ce semble, sur trois points essentiels : religion, goûts et politique, des oppositions bien tranchées, et madame de Bussières devait d'autant plus souffrir des manières de voir de son mari qu'elle lui était plus tendrement attachée ; c'était pour elle une triste nécessité de blâmer intérieurement ce qu'elle lui voyait habituellement soutenir et approuver.

Une situation aussi complexe n'était pas très-rassurante ; et on pouvait redouter quelque mésintelligence entre les deux époux.

Et cependant il est constant et de notoriété publique que ce mariage a eu sa large part de bonheur humain. Pendant la longue période de trente-trois ans, il n'y a jamais eu entre eux le moindre dissentiment. Jamais une parole vive, jamais un malentendu, jamais une brouillerie, même passagère. — C'est que, chez tous les deux, une nature noble et élevée, une éducation soignée, d'excellentes traditions de famille, la réminiscence d'un premier enseignement chrétien ; — et de plus, chez la femme, une raison éclairée par la foi et fortifiée par la pratique de la piété, sont parvenues à résoudre le difficile problème de l'accord parfait au milieu d'éléments hétérogènes.

Madame de Bussières, en effet, dans les premiers jours de son mariage, avait tâché de mieux pénétrer encore le caractère et les goûts de son mari ; et elle avait pris la ferme résolution de s'efforcer de ne rien faire, de ne rien dire, de ne rien désirer qui pût lui déplaire. Voyant dans son mari le chef que Dieu lui avait donné, elle s'étudiait à faire tout ce qu'elle croyait pouvoir lui être agréable, autant par affection que par devoir d'état et de position. Comme toutes les âmes fortes et vraiment chrétiennes, elle avait compris qu'un des caractères les plus certains de la piété, c'est l'esprit de sacrifice.

De son côté, M. de Bussières n'aurait pas voulu, pour

quoi que ce fût, causer la moindre contrariété à sa femme qu'il aimait sincèrement et qui lui paraissait si digne de son estime ; il cherchait à deviner ses goûts, et il s'y conformait autant qu'il lui était possible.

Voici un point qui, chez un mari autre que M. de Bussières, aurait pu être la cause de quelque dissentiment : Madame de Bussières était connue pour être beaucoup trop antipathique à tout ce qui sentait le luxe et l'éclat, et, dans sa manière de s'habiller, elle restait toujours en deçà des limites convenables à son rang. Et cependant, chacun sait que par une mise de bon goût, une femme fait honneur à son mari et se l'attache davantage. En s'efforçant toujours de lui plaire, elle le préserve de la tentation de porter ailleurs ses affections.

M. de Bussières, à cause de la vénération que lui inspirait la vertu de sa femme, ne se montra jamais trop exigeant sur sa toilette, et il lui laissait une certaine liberté. — Un jour qu'elle devait se rendre à une brillante réunion de famille, quelqu'un dit à son mari avec un peu de malice : « Madame de Bussières va sans doute se faire bien belle pour aller à la noce ? — Ma femme, en cette circonstance, répondit M. de Bussières, saura, comme toujours, faire ce qui sera convenable ; je ne voudrais pas pourtant répondre qu'elle sera la plus belle ; mais ce dont je suis sûr , c'est qu'il n'y en aura pas de meilleure. »

On le voit , il y avait dans les rapports journaliers des deux époux une tendance habituelle à une condescendance réciproque qui ne laissait jamais trahir les victoires qu'ils remportaient chacun sur soi-même. — C'était certainement pour M. de Bussières une peine de voir que sa femme ne partageait pas ses goûts pour le monde, mais, par affection pour elle , il ne chercha jamais à l'amener à sa manière de voir et lui laissa la liberté de sa vie retirée.

En ce qui a rapport à la religion, M. de Bussières professait trop ouvertement et trop sincèrement le culte de la liberté pour ne pas respecter les convictions de sa femme, et surtout il lui laissait toute facilité de penser et d'agir en tout ce qui était du ressort de la conscience. Il comprenait d'ailleurs que la fidélité d'une épouse à tous ses devoirs est d'autant plus assurée qu'elle a plus avant au cœur la crainte d'un Dieu à la fois juge rigoureux de toutes les fautes et rémunérateur certain de tous les actes de vertu.

Néanmoins ces dispositions, toutes bienveillantes qu'elles fussent, ne remédiaient pas à tout, et madame de Bussières se trouvait de temps en temps avec son mari et avec plusieurs membres de sa famille dans une situation assez délicate. Son père même, M. de Pouilly, n'avait pas encore abjuré ses anciens préjugés voltairiens ; et, en politique, il s'était rangé parmi les membres de l'opposition. Les conversations qu'en sa présence ils tenaient en toute liberté sur ce sujet et sur les matières religieuses, avaient parfois un caractère qui contrastait singulièrement avec les idées de madame de Bussières. Assez instruite assurément pour combattre quelques-uns de leurs arguments, elle se hasardait quelquefois à le faire avec modestie ; mais ordinairement, se défiant d'elle-même et craignant de compromettre la cause de la religion, elle s'abstenait prudemment de les contredire directement, ou bien elle tâchait de faire diversion à ces entretiens, en ramenant adroitement la conversation sur d'autres sujets.

En toute circonstance elle avait assez d'empire sur elle-même pour ne jamais laisser échapper un seul mot qui pût troubler l'harmonie dans la famille.

La sainte Écriture loue la femme qui, comme madame de Bussières, par des sacrifices journaliers, s'attache à faire le bonheur de son mari, et elle flétrit énergiquement celle qui, emportée par l'âpreté de son caractère, devient le tourment et le désespoir de celui auquel cependant elle est unie par les liens les plus sacrés. « Plutôt que de vivre avec une femme chagrine et difficile, dit le livre des Proverbes, il vaut mieux demeurer sur le haut d'une maison, ou marcher dans un chemin sableux et mouvant où l'on ne rencontre que peine et fatigue. » (*Prov.*, 21.)

Madame de Bussières conserva toujours son influence et son autorité pour la direction religieuse et morale de sa famille et de sa maison, parce que sa conduite constante envers son mari était un heureux mélange de douceur et de force. « Si vous voulez être souveraines, a dit un auteur célèbre, vous avez tort; — si vous ne savez qu'obéir, vous avez encore tort. Sachez donc donner le conseil du bien dans l'intérêt de vos enfants, de votre maison et de tout ce qui concerne votre mission. »

II

Dans les premières années de leur mariage, les nouveaux époux, comme on en était sagement convenu à l'avance, ne prirent pas domicile chez leurs parents. Ils aimèrent mieux jouir, dès le principe, d'une légitime indépendance (1), dans la crainte de s'exposer imprudem-

____

(1) « Quand on marie sa fille, on la donne ; quand on marie son

ment à laisser s'affaiblir leur respect et leur amour filial par les froissements et les raisons d'intérêt qui surgissent si promptement lorsqu'on vit constamment en présence les uns des autres.

Ils habitèrent à Soissons une maison située vis-à-vis le grand portail de la cathédrale. Ce ne fut que quatre ans après qu'ils acquirent de M. le marquis Chastenet de Puységur, le célèbre adepte de Mesmer, la vaste et belle maison qui commence la rue de Panleu, près de l'hôpital général. Les jeunes et intéressants époux étaient encore dons leur première habitation, place de la Cathédrale, lorsque, le 26 octobre 1822, ils eurent à témoigner à Dieu leur reconnaissance pour la naissance (1) d'une fille :

CÉCILE-ÉLISABETH-AGATHE.

---

fils, on le donne. Le sacrifice, sans doute, est immense dans les deux cas, mais Dieu l'a voulu dans sa sagesse. Ne prétendons pas perfectionner l'œuvre de Dieu. Le mariage à deux, voilà ce qu'il ordonne et ce qu'il bénit ; le mariage à trois, à quatre, à cinq (c'est-à-dire en demeurant avec ses parents), ne serait plus du tout la même chose. Il faut bien commencer quand on veut bien finir ; or une famille nouvelle ne commence bien qu'à deux.— Dans le cas particulier où les jeunes mariés recueillent chez eux leur vieux père, leur vieille mère, ceux-ci doivent prendre pour règle invariable de respecter l'indépendance du mariage et le tête-à-tête de leurs enfants. » (M. DE G.)

(1) Pour conserver à toujours le souvenir de cet heureux événe-

La famille désirait vivement que l'enfant nouvellement née eût pour marraine son aïeule paternelle, madame de Bussières, née Agathe de Beaurepaire. Mais comme elle était absente, et que, d'un côté, l'Église prescrit de baptiser les enfants (*quamprimum*) aussitôt après leur naissance, et que, d'un autre côté, elle n'accorde l'ondoiement que dans des *cas rares* (1) et pour des *raisons graves,* on n'attendit pas l'arrivée de madame de Bussières la mère, et le baptême de Cécile-Elisabeth-Agathe de Bussières fut conféré à la cathédrale de Soissons le 30 octobre 1822, qui était le quatrième jour après sa naissance. La marraine fut représentée par madame de Breuvery, née Godard de Vingré, et le parrain fut M. de Pouilly, aïeul maternel de l'enfant.

Madame de Bussières ne voulut pas que sa chère Cécile suçàt un autre lait que le sien. La faiblesse de sa complexion et un accident survenu inopinément, semblaient

---

ment de famille, M. de Pouilly fit planter en bois, à Arcis-le-Ponsart, un arpent de terre qu'il appela *le bois Cécile;* c'est maintenant *un lieu dit,* reconnu et consigné au cadastre. — Dans la suite, en 1844, le même aïeul, à la uaissance du fils de madame (Cécile) de Noiron, fera planter *le bois Jules* à côté du *bois Cécile.*

(1) Necessitate excepta, in privatis locis nemo baptizari debet, nisi forte Regum aut magnorum principum filii, id ipsis deposcentibus, dum modo id fiat in eorum capellis. *Ritual. Roman.*

s'opposer à cette détermination ; mais la jeune mère persévéra, avec une grande fermeté, à vouloir accomplir ce devoir de la nature, dont on ne se dispense le plus souvent que par le motif bien peu chrétien de s'épargner de la peine et des ennuis. Si l'on veut goûter, dans toute leur pureté, les saintes joies de la maternité, il faut savoir les acheter par quelques sacrifices, aux dépens de ses aises et de ses plaisirs. Peut-on prétendre avoir un véritable cœur de mère lorsque, sans une raison sérieuse, on se sépare si facilement de son nouveau-né, pour le confier à une étrangère entre les bras de laquelle il pourra bien s'étioler et mourir !

Cécile, au contraire, fera la joie et les délices de sa mère ; elle en recevra les soins les plus tendres et les plus assidus. Des motifs surnaturels viendront fortifier et soutenir les sentiments de la nature. Et en effet, la foi de la jeune mère lui faisait regarder son enfant comme un temple vivant, purifié de toute souillure originelle, et habité par l'Esprit-Saint. Elle l'offrait sans cesse à Dieu avec un profond sentiment de reconnaissance.

Ce sentiment se manifesta bien vivement encore dans cette journée tant désirée par les jeunes épouses, où, échappées aux dangers d'une couche laborieuse, elles font le premier essai de leurs forces, en allant au temple du Seigneur réclamer ses bénédictions pour elles-mêmes et pour leur enfant. Madame de Bussières s'agenouilla avec confiance devant l'autel de Marie, courba humblement la tête sous l'étole du prêtre, et tenant dans ses bras sa chère Cécile, elle implora le secours d'en Haut pour elle et pour sa famille tout entière.

« Je ne sais pas, dit un auteur, à quel âge précis la mère parlera de Dieu à son enfant; je sais que, avant de lui en parler, elle le lui fera sentir. Le tout petit enfant qui verra sa mère agenouillée près de son berceau, suivra ses regards tournés vers le ciel; il y aura du ciel dans ses premières pensées, il respirera une atmosphère tout imprégnée de piété. » — « Avoir prié auprès de son enfant d'abord, puis avec son enfant, cela est immense. On a obtenu pour lui beaucoup de bénédictions, et on lui a donné la première notion de la religion. » (*M. de G.*)

Lorsque les yeux de la petite Cécile purent fixer les objets qui l'entouraient, sa mère, de la main lui montrait le ciel et essayait de l'initier à la pensée d'un Dieu créateur et souverain maître du monde, d'un Dieu bon, mais juste, qui sait punir le mal et récompenser le bien.

Le premier mot qu'elle lui apprit fut le nom si doux de Jésus, notre rédempteur, dont saint Bernard a pu dire avec vérité qu'il est un miel à la bouche, une mélodie pour les oreilles, et le comble des délices pour le cœur, *Jesus mel in ore, in aure melos, in corde jubilus.*

Le nom de MARIE se joignit bientôt à celui de Jésus ; et, à ces deux noms protecteurs, se bornèrent les premières leçons données par madame de Bussières à sa fille, noms encore incompris sans doute, mais qu'il suffit à une mère de prononcer avec foi et amour, pour éloigner de l'enfant bien des dangers et pour attirer sur lui d'abondantes bénédictions.

C'est ainsi que cette jeune et pieuse mère commençait à mettre en pratique les conseils d'un grand évêque : « Acceptez, disait-il aux dames, le diadème de la maternité avec sa responsabilité, ses charges, ses souffrances, ses douleurs, ses joies, ses récompenses aussi. Honorez-vous de la grandeur que ce titre vous donne, et portez noblement les épines qui y sont attachées. Vos enfants ! voilà votre noble, votre grand travail. Vous leur avez donné la vie ; élevez maintenant ces vies, soignez-les vous-mêmes, instruisez-les vous-mêmes. Ne regardez pas tant leurs visages ; soignez leurs corps, mais ne faites pas de petites idoles de chair. Voyez à travers cette chair, voyez cette âme que Dieu vous a confiée ; songez davantage à cette âme ! Étudiez les mille inspirations qui vous la révèlent, cherchez la direction qui lui convient. Je voudrais voir toutes les mères comprendre ce travail incessant, je voudrais les voir atteintes de ce mal des âmes qui cause des souffrances, mais qui fait vaincre tous les obstacles. » (*Mgr d'Orléans.*)

Madame de Bussières aimait fort tendrement sa fille, mais elle ne se laissait pas éblouir par ses gentillesses ni aveugler par ses qualités naissantes. Elle tâchait en l'élevant de faire un heureux mélange de bonté, d'indulgence et de fermeté. Un de ses soins était d'empêcher que, par son babil enfantin, sa pétulance inopportune, elle ne fût pour les personnes de la maison, et surtout pour les étrangers, un sujet d'ennui ou d'impatience. Toutes les fois qu'elle recevait des convives du dehors, elle évitait, dans les premières années, de la faire asseoir à la table commune, sachant combien les tout petits enfants en général sont déplaisants, soit par leurs manières capricieuses et leurs exigences, soit par l'attention qu'ils attirent presque exclusivement sur eux, au point de rendre impossible toute conversation suivie. Elle se gardait bien aussi de relever, de répéter et d'admirer les mots plus ou moins spirituels, plus ou moins naïfs qui s'échappaient des lèvres de sa chère petite fille. Elle eut craint avec raison de trop flatter son amour-propre naissant et d'en faire une petite égoïste. — Elle exigeait en tout l'obéissance au moindre signe, et ne tolérait pas les moindres accès de mauvaise humeur.

III

Les exigences du service militaire ne s'étaient pas fait trop sentir dans les premières années du mariage du capitaine de Bussières. Les travaux de la place l'avaient toujours retenu à Soissons ; mais, en septembre 1825, un ordre du ministère de la guerre l'appela à Moulins (Allier), pour y remplir les fonctions de chef du génie.— La faiblesse de santé de sa femme, l'âge de la petite Cécile, ne lui permirent pas de les emmener avec lui. Il partit donc seul, mais avec la résolution de rendre aussi courte que possible une séparation qui leur était à tous deux très-pénible. Le capitaine ne resta, en effet, que cinq mois dans sa nouvelle destination , et eut la satisfaction de pouvoir, au mois de janvier 1826, revenir au milieu de sa famille.

La chute du roi Charles X en 1830 ne pouvait pas changer notablement la position militaire de M. de Bussières. Le gouvernement de Juillet fut loin de méconnaître son mérite et ses services antérieurs; le 21 mars 1831, une lettre du maréchal Macdonald lui annonça sa nomination au grade de chevalier de la Légion-d'Honneur.

Quelques mois après sa promotion, malgré son goût prononcé pour la carrière qu'il avait embrassée, malgré l'espérance fondée d'un prochain avancement, M. de Bussières offrit sa démission du grade de capitaine de première classe. Elle fut acceptée du roi Louis-Philippe le 21 novembre 1831.

IV

Une opération financière, dont les résultats ne répondirent pas aux espérances que M. de Bussières en avait conçues, lui fournit l'occasion de connaître plus que jamais le véritable dévoûment et l'exquise délicatesse de sentiments de sa femme.

Avec une partie notable de sa fortune, M. de Bussières, en l'année 1828, avait fait en Alsace (1), contre le gré de

____

(1) En 1659, Louis XIV, pour témoigner au cardinal Mazarin sa

M. de Pouilly, un placement hypothécaire, dont il pensait devoir être remboursé en 1831. Il ne le fut qu'en 1850 ; et, pendant cet intervalle d'une vingtaine d'années que dura le procès avec les héritiers de la duchesse de Mazarin, il ne toucha pas les intérêts de la somme prêtée. On conçoit que, de cette privation d'une portion de ses revenus, a dû résulter, dans le ménage des deux époux, une gêne relative que l'on ne pouvait faire connaître au public.

En cette circonstance, la conduite de madame de Bussières fut admirable. Dans ce long espace de vingt ans, il

---

satisfaction de la paix de Westphalie et du traité des Pyrénées , fit donation à lui et à ses héritiers de très-beaux domaines en Alsace. — Le cardinal maria sa nièce, la belle Hortense Mancini , à Armand de la Porte , fils du maréchal de la Meilleraie , à condition que les jeunes époux porteraient le titre de duc et de duchesse de Mazarin ; la nièce eut tant en dot qu'en héritage la valeur de 28 millions. (L'histoire nous apprend que jamais ménage ne fut plus mal assorti.) — Les héritiers de la duchesse de Mazarin recueillirent une partie de la succession. — A la révolution française , un décret de 1791 annula la donation faite par Louis XIV , et les biens durent faire retour à l'État. Uu autre décret , du 14 nivôse an VII , autorisa les héritiers à racheter ces mêmes biens en payant le quart de leur valeur. Longtemps la dernière duchesse de Mazarin réclama le bénéfice de cette dernière loi. Ce fut en vain. Elle mourut en 1826 sans avoir rien obtenu. — C'est aux héritiers de cette duchesse , et dans le but de les aider à recouvrer leurs biens, que M. de Bussières avait fait les avances considérables dont il ne fut remboursé qu'après vingt années d'attente.

ne lui arriva jamais, en parlant à son mari, de lui faire aucun reproche, aucune observation sur ce malencontreux placement, pas même par d'indirectes allusions.

On sait combien sont inopportunes et funestes les récriminations, surtout quand elles se répètent souvent. La paix de plus d'un intérieur en a été troublée sans retour.

Madame de Bussières était trop franchement chrétienne pour tomber dans une faute de ce genre. — Elle fit plus que de se prescrire sur cet incident un silence constant et absolu, elle en subit toutes les conséquences avec une parfaite résignation. Son intelligence et son dévoûment surent la faire triompher avec honneur de cette embarrassante situation. Elle s'imposa dès lors toutes sortes de privations personnelles et régla la dépense de sa maison avec une sage économie. — Le monde, toujours si léger et si prompt dans ses jugements, ne vit que de la parcimonie dans des actes qui avaient pour mobile des motifs nobles et généreux.

V

Cependant M. de Bussières fixait de plus en plus les

regards de ses concitoyens. En 1833, il avait été nommé capitaine en second de la garde nationale de Soissons.

En 1834, il se présenta, dans la même ville, comme candidat à la députation. M. Lherbette, son concurrent, l'emporta sur lui, mais à une faible majorité. Cet échec fut réparé à Reims, où M. de Bussières fut élu député par le collége *extra-muros*; il succédait ainsi à son beau-père, M. de Pouilly, longtemps député de la même ville sous le gouvernement de la Restauration.

Pendant tout le règne de Louis-Philippe, M. de Bussières fut constamment réélu; dans les chambres, il fit généralement partie de toutes les commissions ; on le chargea même souvent d'en être le rapporteur. Il fut toujours un député consciencieux, occupé sans cesse de procurer le bien public.

Madame de Bussières avait été peu flattée de voir son mari entrer dans les fonctions publiques. Cependant, sans prendre parti dans toutes les fluctuations de la politique, elle croyait ne devoir pas y rester tout-à-fait étrangère. Elle se mettait au courant des débats des chambres, suivait en esprit son mari à la tribune, lisait attentivement les rapports dont il avait été chargé, aimait à y faire allusion dans sa correspondance, ou lui demandait quelques explications sur les questions les plus difficiles. Parfois même elle émettait ses propres idées sur les affaires du moment, et ses judicieuses réflexions étonnaient et émerveillaient son mari.

A Paris, M. de Bussières prit d'abord un modeste appartement dans un hôtel, et sa femme alla s'y installer avec lui pendant une partie des hivers; mais, comme elle avait une santé délicate et éprouvait toujours une grande répugnance pour le luxe des toilettes et pour les dépenses qu'elles occasionnent, elle se dispensait facilement d'accompagner son mari aux soirées et aux bals de la Cour et des Ministres. Plus tard, lorsque madame Agathe de Bussières alla habiter la capitale, son fils prit chez elle son domicile; c'est ce qui rendit moins nécessaires et moins prolongés les séjours de sa femme auprès de lui. Mais il se dédommageait de cette privation toutes les fois qu'une fête ou tout autre motif faisait interrompre et suspendre la série des séances législatives; alors il revenait à Soissons, et son arrivée souvent inattendue causait la joie la plus vive dans toute la maison. Le député laissait dans l'oubli, pour un moment, son mandat de législateur, et ne songeait qu'à remplir cordialement et avec une expansion extraordinaire de gaîté son rôle de mari, de gendre et de père. Avec sa famille, il prenait part à des jeux enfantins, se montrait affectueux envers sa femme, plein de déférence pour son beau-père et de respect pour sa belle-mère, devenue infirme par suite d'une chute de cheval.

Les nombreux devoirs et les absences prolongées qu'imposaient à M. de Bussières ses fonctions de député, n'ont jamais ni altéré ni diminué son intimité avec sa femme. Son estime pour elle allait jusqu'à la vénération et il lui reconnaissait une qualité bien rare, un jugement excellent. Aussi, il vivait avec elle à cœur ouvert; la mettait dans le secret de toutes ses affaires et au courant de ses recettes, de ses dépenses, de ses placements et déplacements de fonds, de ses projets d'acquisitions nouvelles; il prenait ses avis en toutes sortes de choses et n'a jamais eu à se repentir de ses conseils. — « Nos femmes nous complètent bien plus que nous ne nous l'imaginons, dit un auteur. Il est tout un côté des affaires humaines qui nous échappe et qu'elles savent voir; il y a souvent profit à les consulter. »

VI

Pendant que M. de Bussières était à Paris occupé de

ses fonctions législatives, sa femme ne restait pas oisive
à Soissons. Plusieurs objets principaux partageaient utilement ses journées : la tenue de sa maison, — les œuvres
de charité, — l'éducation de sa fille, — et les relations
avec la société.

Dès l'année 1828, elle avait accepté la charge fort
assujétissante de dame de charité, et elle s'en acquittait
avec beaucoup de zèle, d'activité et de générosité. Persuadée qu'il est mieux de mettre les pauvres en état de
se suffire en acceptant de l'ouvrage plutôt qu'en recevant
simplement une aumône, elle avait entrepris, pour les
familles qui lui avaient été assignées, un genre de travail
qu'elle avait fort bien organisé. Elle fournissait du chan-
vre aux familles dont elle était chargée ; et lorsque,
chaque samedi, on lui rapportait le travail de la semaine,
elle le payait à ces pauvres ouvrières.

Quand elle avait recueilli ainsi un certain nombre
d'écheveaux de fil, elle en faisait faire de la toile, employait d'autres familles à confectionner du linge, autre
manière de nourrir les nécessiteux sans entretenir leur
inclination à la fainéantise. — Elle persévéra pendant plus
de vingt ans dans ce mode intelligent de faire la charité.

De plus, elle allait souvent visiter les malades à l'Hôtel-Dieu de Soissons, les consolait, s'informait de leur

famille, de leurs enfants en bas âge, et envoyait des secours particuliers à ceux qui en avaient besoin.

De tels exemples devaient nécesssairement profiter plus tard à sa fille qui en était témoin. Les enfants sont observateurs, et ils aiment à imiter ce qui leur a plu ou les a touchés, dans les actes qui se sont accomplis sous leurs yeux. C'était pour la petite Cécile un apprentissage naturel de bonté et de charité. En la voyant ainsi, dès son jeune âge, se montrer, avec sa mère, sensible aux détresses et aux souffrances du prochain, on pouvait présager que, lorsqu'elle serait maîtresse d'elle-même, elle suivrait les mêmes errements et continuerait les saintes traditions de sa noble famille; heureuse d'employer une partie de ses richesses à aider les déshérités de ce monde.

Cécile commençait à grandir, et son éducation était l'occupation principale de sa mère. Elle eût voulu lui consacrer tout son temps; mais d'un côté sa faible santé, de l'autre les absences de son mari, les attentions que réclamaient les infirmités de sa respectable mère, la nécessité de diriger son intérieur, tout en conservant ses relations avec la société, ne lui permettaient pas de donner entière satisfaction aux désirs de son cœur. Elle s'efforça alors de faire jouir à la fois sa fille des avantages de l'éducation publique et de l'éducation privée, en la mettant en demi-pension à Soissons, dans l'établissement qui passait pour être le plus sagement dirigé. Le contact avec des enfants de diverses classes, les petites contrariétés et les inévitables jalousies des autres pensionnaires, devaient contribuer à former le caractère de sa fille; l'émulation la forcerait à s'appliquer davantage; et, en même temps, les intervalles de séjour quotidien à la maison ou chez sa grand'mère, madame de Pouilly, aideraient à conserver en elle l'esprit de famille et les impressions profondes que l'on reçoit au foyer paternel. A la pension on lui donnait l'instruction classique et littéraire; à la maison elle recevait l'éducation proprement dite. Par ce moyen, « le pensionnat était corrigé et perfectionné par la famille ». Madame de Bussières ne se dessaisissait en aucun point de la surveillance de sa fille. Elle lui faisait rendre compte de ses études, lui donnait elle-même des leçons de piano, mais surtout elle était attentive à profiter de tous les moments qu'elle passait avec elle pour former son cœur et diriger ses idées et ses sentiments.

« Aujourd'hui, dit un auteur, les mères ont perdu la puissance d'aimer pour idolâtrer; il en résulte qu'elles abdiquent tout pouvoir sur le cœur de leurs enfants.

Leur influence est annihilée pour toujours ». Madame de Bussières, sans être trop sévère à l'égard de sa fille, mit beaucoup d'attention à ne pas la flatter et à ne lui souffrir aucun caprice. Elle unissait la douceur à la fermeté, agissait par raison et non par emportement. Elle ne l'abandonnait pas entre les mains des domestiques, et la gardait auprès d'elle le plus qu'elle pouvait. Elle s'efforçait d'ouvrir son cœur à la piété, de lui former la conscience ; elle lui conseillait de s'habituer à se rappeler le souvenir et la présence de Dieu plusieurs fois dans la journée ; elle lui enseignait le bon emploi du temps, lui faisait comprendre l'importance de l'ordre dans les petites choses aussi bien que dans les grandes.

Elle lui disait que pour être un jour une bonne maîtresse de maison, il fallait avoir des idées nettes, précises sur l'étendue de ses devoirs, savoir chaque jour ce que l'on veut faire, même dans les choses qui peuvent paraître peu importantes ; combattre l'hésitation produite par une trop grande défiance de soi-même ; prendre son parti à temps et être ferme à s'y tenir, sans remettre sans cesse tout en question ; c'est, disait-elle, un moyen pour ne pas amoindrir la confiance et la soumission des serviteurs, et pour prévenir les ennuis et les impatiences dans son entourage et chez les membres de sa propre famille.

Ce qu'il y avait de très-remarquable dans l'intérieur de la maison, c'étaient la tranquillité et le calme qui y régnaient depuis le premier jour de l'année jusqu'au dernier. La manière d'agir de madame de Bussières dans l'accomplissement de ses devoirs de maîtresse de maison était en parfaite harmonie avec l'état habituel de son âme. La paix que procure une conscience toujours pure se reflétait au dehors par la sérénité de son visage et par les douces et bienveillantes paroles qu'elle adressait à tous ceux qui avaient à l'entretenir ou qui étaient à son service.

VII

Quelque satisfaction que madame de Bussières goûtât en voyant sa fille répondre si bien aux soins dont elle était l'objet, il lui était pénible de penser qu'elle était son unique enfant (1) et qu'un accident, une maladie pouvait la

---

(1) Nous aurions désiré qu'il nous fût permis de transcrire ici les graves enseignements que le R. P. Félix donnait dans ces dernières années du haut de la chaire de Notre-Dame de Paris. Nous renvoyons les mères chrétiennes aux conférences de l'année 1860, et particulièrement à la sixième conférence, sur *la maternité.*

Nous nous contenterons de citer le passage suivant : « Qui sert

lui ravir pour toujours. Comme tant d'autres femmes instruites de leurs devoirs et sincèrement pieuses, elle aurait désiré d'être entourée d'une couronne de charmants enfants, selon le vœu que l'Église exprime dans la liturgie du mariage (1).

Elle savait que la fécondité dans la famille est une bénédiction de Dieu, et que la stérilité volontaire et coupable attire ses malédictions et ses châtiments en ce monde ou en l'autre. Du moment où elle avait consenti à donner sa foi à un époux, elle s'était rappelé ces gracieuses images par lesquelles la sainte Écriture a dépeint les jouissances de la famille.

« C'est que, en effet, dit le R. P. Félix, l'épouse vraiment chrétienne ne se croira jamais trop mère (2), et si

---

mieux la commune patrie, ou bien ceux qui, par égoïsme, par calcul, par lâcheté, laissent le foyer stérile ou désert, — ou bien ceux qui, à force d'abnégation, de sacrifice et de courage, font croître en grand nombre sous leur toit des fils généreux qui sauront un jour au champ d'honneur affronter tous les périls et mourir pour la patrie, et des filles dévouées qui sauront, à leur tour, multiplier la vie, ou panser toutes les blessures et mourir pour le malheur ? »   (R. P. Félix. *Conférences de 1860.*)

(1) Sit fecunda in sobole. — Uxor tua sicut vitis abundans in lateribus domûs tuæ. — Filii tui sicut novellæ olivarum in circuitu mensæ tuæ. *Ps. 127.*

(2) De nos jours on rencontre encore quelques-unes de ces famil-

elle accepte les joies de la maternité, elle en accepte aussi à l'avance les souffrances et les sacrifices ; tandis que la femme qui n'est chrétienne que de nom et n'embrasse qu'un vain simulacre de christianisme, se montre récalcitrante et rebelle au but naturel du mariage (1) ; et est devant les devoirs de la maternité à peu près comme s'il n'y avait pas de christianisme. »

Le courage et le dévouement de madame de Bussières se seraient certainement trouvés à la hauteur du devoir des époux chrétiens. Par le vœu *sincère* de son cœur elle en a eu tout le mérite devant Dieu. Mais le sacrifice que le Seigneur jugea à propos de lui imposer, dès les premières années de son mariage, ayant été précisément celui qui était contraire à son plus ardent désir, elle se résigna en bonne et parfaite chrétienne à la volonté de Dieu. C'est

---

les patriarcales dont Dieu a béni l'union d'une manière remarquable.

Un écrivain annonçait ainsi dernièrement la mort de la vicomtesse de Gontaut-Biron : « ....Mme de Gontaut vient de succomber à Pau, dans la force de l'âge, au milieu de l'accomplissement le plus infatigable des vertus de l'épouse, de la fille et de la mère la plus dévouée.... Rien ne l'arrêtait dans son devoir.... Quoi de plus touchant que de voir cette admirable femme, douée des dons les plus délicats de l'esprit, épuiser sa vie à la *tâche laborieuse et douce d'une maternité quatorze fois bénie !* »

(1) Voir une note sur ce sujet à la fin du chapitre, page 94.

alors que plus que jamais elle reporta toutes ses sollicitudes sur la seule enfant qu'elle avait obtenue du Ciel.

Quoique pour son propre compte, madame de Bussières fût portée à ne pas beaucoup se répandre dans la société, elle comprenait qu'il était convenable qu'elle y conduisît quelquefois sa fille, et elle s'appliquait à lui donner sur la fréquentation du monde des idées justes et saines, et qui ne se ressentissent d'aucune exagération. A l'imitation d'une dame dont elle avait lu la vie avec une grande satisfaction, « elle cherchait à inspirer à sa fille la crainte, non l'aversion du monde, la préparant à y vivre sans s'y livrer, sans le fuir, à en être l'ornement en même temps que l'exemple. »

« Et en effet, dit un auteur, la condition de femme, d'épouse, de mère vient de Dieu; de Dieu par conséquent les obligations qui résultent naturellement de cette position; de lui les convenances, les bienséances, les liens de parenté ou d'amitié, les représentations de la vie officielle. Les femmes doivent donc s'appliquer à acquérir la piété qui convient à la femme du monde, à pratiquer une religion largement conçue, *mais sans relâchement, sans mollesse.* La piété ne leur interdira jamais de demeurer des *femmes du monde ;* mais ce qu'elle leur défendra toujours, c'est d'être des *femmes mondaines.* La piété est de

tous les âges ; elle n'est pas incompatible avec les charmes de l'esprit, avec les grâces d'une conversation aimable, avec les distractions d'un caractère enjoué, avec tous
ces éléments de vie domestique et de vie sociale dont on
doit user modérément. » (*Confér. aux dames de Bordeaux
en 1864.*)

Ce qui facilitait pour madame de Bussières une fréquentation modérée du monde comme il faut, c'étaient
les parents qu'elle avait dans la ville et qui y tenaient
tous un rang distingué. Quelques autres familles honorables, amies de la sienne depuis longues années, venaient
aussi avec plaisir se réunir aux maisons de Pouilly et de
Bussières. — On dînait à cette époque entre 4 et 5 heures.
Les soirées commençaient à 7 heures et se terminaient
entre 10 et 11 heures. — C'étaient ordinairement les
mardis qu'avaient lieu ses réceptions.

Une grande cordialité régnait entre toutes les personnes
qui composaient cette petite société choisie, et en faisait
presque une même famille. On y trouvait, avec tout l'agrément désirable, d'honnêtes récréations et l'observation
de toutes les convenances.

Il est à regretter que l'époque actuelle tende à modifier singulièrement les antiques usages de la société. Les
hommes, au lieu de trouver leur plaisir dans leur inté-

rieur, vont le chercher dans les cercles et dans les cafés.

La manie toute récente et assurément peu française de fumer le cigare aussitôt après le repas, éloigne encore momentanément du salon les jeunes gens et les déshabitue de cette élégante courtoisie et de ces égards, si chrétiens dans leur origine, que l'on avait pour les dames, et qui contribuaient à faire considérer les Français comme la nation la plus civilisée et la plus polie de l'Europe.

En effet, nne réunion de femmes modestes et bien élevées, sans être exempte de tout danger, commande naturellement aux hommes la réserve dans l'attitude et dans le langage, empêche et arrête le sans-gêne de mauvais goût qui est la tendance générale de la jeunesse d'aujourd'hui. Les mœurs nouvelles, importées de l'Angleterre, ne peuvent que diminuer la considération et l'influence de notre nation.

VIII

A la révolution de 1848, le département de l'Aisne, sur une liste de douze ou quatorze candidats, nomma M. de Bussières représentant du peuple à l'Assemblée constituante. Il fut également réélu à l'Assemblée législative.

Là encore, tout en ne perdant pas de vue le bien général, il s'occupa aussi des intérêts particuliers de ses commettants. Ayant un jour demandé audience au prince président de la République, et ayant reçu pour réponse une invitation à dîner, il en profita pour plaider la cause du chemin de fer de Soissons. L'influence seule de M. Roy empêcha la réussite de ce projet, que Louis-Napoléon avait paru goûter.

Le coup d'État du 2 décembre 1851 et la dissolution de l'Assemblée législative vinrent surprendre M. de Bussières au milieu de ses fonctions, et le rendirent à la vie privée. Ce loisir forcé ne fut pas de longue durée. Le prince président le nomma maire de Soissons. Pendant le temps trop court de son administration, il poursuit encore, mais sans succès, l'idée d'un chemin de fer de Compiègne à Soissons et de Soissons à Neufchâtel par la vallée de l'Aisne.

L'affaire d'intérêt local dont il s'occupa le plus fut la réorganisation du collége communal de Soissons, qui, depuis quelques années, tombait en décadence, tandis que le pensionnat de l'école primaire supérieure dirigé par M. Watelet, le neveu du célèbre paysagiste de ce nom, était en pleine prospérité. M. de Bussières parvint à obtenir la suppression de ce dernier établissement, et sa translation et adjonction au collége. Le Conseil municipal vota une forte somme pour indemniser l'estimable directeur auquel on réserva encore, dans les deux pensionnats réunis, une place de professeur de sciences. C'est ainsi que, par son habileté et son esprit de justice, le nouveau maire vint à bout de relever le collége de Soissons tout en sauvegardant les droits du directeur de l'école supérieure dont la ville n'avait eu qu'à se féliciter.

Madame de Bussières n'avait pas ambitionné pour son mari la charge honorable de maire de la ville. Après sa nomination, une seule chose la préoccupait, c'était la nécessité probable d'avoir chez elle des réceptions plus fréquentes et plus nombreuses, ce qui devait amener un notable changement dans ses habitudes de solitude et de recueillement. Néanmoins elle triompha de ses répugnances et se mit de bonne grâce à la disposition de son mari. Elle comprenait que les positions élevées et officielles obligent à faire ce dont un simple particulier peut se dispenser. Mais, en fidèle chrétienne, elle crut pouvoir recommander au nouveau maire d'éviter de choisir les jours maigres pour faire ses grandes réceptions.

Ces sollicitudes d'une conscience timorée devaient bientôt, hélas! cesser pour elle, puisque les décrets cachés de la Providence ne permirent pas à M. de Bussières

de passer plus de treize mois dans l'exercice de sa nouvelle magistrature.

NOTE EXPLICATIVE POUR LA PAGE 88

En 1866, dans une des séances du Conseil général du département de l'Aisne, M. Frédéric Moreau a lu un rapport fort remarquable d'où nous extrayons ce qui suit :

« La commission a constaté, avec un sentiment d'inquiétude pour l'avenir, qu'on ne retrouve plus ces nombreuses familles qui jadis faisaient le bonheur et la joie du foyer domestique. Et comme conséquence votre commission s'est demandé si, dans ce siècle où tout est calcul, on ne serait pas tristement amené à donner à la décroissance de la population du département de l'Aisne une tout autre cause (que l'absence de l'industrie dans les campagnes) et y voir un *mobile* déplorable pour la société, au point de vue de la morale et de la religion. »

L'empereur Constantin, devenu chrétien, écrivait au vicaire du prétoire Allatius : « Promulguez dans toutes les villes d'Italie cette loi : S'il se trouve des parents qui ne puissent nourrir, vêtir et élever leurs enfants, qu'on prenne tout ce qui sera nécessaire sur le trésor public, ou sur mon domaine privé que je mets tout entier à votre disposition pour cet objet. »

— Le grand Colbert fit décider par Louis XIV que toute

famille d'hommes taillables qui compterait *douze enfants* obtiendrait une allocation annuelle de 1,000 livres. — La prime proposée par Napoléon Ier était bien plus considérable.

Dans la *Revue des Deux-Mondes*, tome 69e, se trouve un travail intéressant, qui est une question d'économie politique aussi bien qu'une question religieuse. L'auteur termine en disant : « Malthus, économiste anglais, mort en 1834, a, pour son châtiment, attaché son nom à une abominable doctrine. »

Voir aussi la 4e Conférence du R. P. Hyacinthe, *sur la paternité;* elle a été prêchée à Notre-Dame de Paris dans l'Avent de 1866. — Se vend à Paris, chez Albanel.

Enfin le journal *la Réforme médicale* (rue Montholon, 26), renferme dans le numéro dn 2 février 1867 un article signé de Castelnau et qui a pour titre : *Le mari, la femme, l'enfant, la nourrice;* et dans le numéro du 21 avril 1867 un autre article sur le même sujet, du docteur Frestier.

CHAPITRE CINQUIÈME

Mort de M. de Bussières.

1. Son désir de mener une vie plus chrétienne. Sa mort prématurée et subite. — II. L'hommage que le conseil municipal rend à sa mémoire.

I

Depuis plusieurs années, M. de Bussières souffrait d'un anévrisme, et parfois il redoutait l'issue finale de cette affection qui brise souvent traîtreusement les liens de la vie, sans avoir, par quelque symptôme bien sensible, averti sa victime. Ses pensées devenaient plus sérieuses. « Je ne suis pas dévot, disait-il un jour à un ecclésiastique (l'auteur même de ce livre), mais je songe à revenir à Dieu et à la pratique de mes devoirs religieux. Dans le tourbillon des affaires, on oubli l'essentiel, le

porro unum est necessarium (une seule chose est nécessaire). Mais je ne tarderai pas à mettre ma conscience en
règle. » Et, en effet, il devenait plus réservé dans ses
conversations ; il faisait exactement ses prières du matin et
du soir, il allait régulièrement à la messe le dimanche, entendait volontiers un sermon. Quand il visitait les écoles,
si le moment de la prière était arrivé, il s'agenouillait
pour prier avec les enfants dans une attitude respectueuse.
— C'était un commencement de conversion. Plût à Dieu
qu'il n'eût pas différé de mettre à profit les salutaires
impressions de la grâce qui le pressait intérieurement de
redevenir chrétien !

Vers la fin du mois d'août 1853, pendant que madame
de Bussières était allée, avec son père, passer quelque
temps dans sa terre d'Arcis-le-Ponsart, M. de Bussières
s'était rendu à Laon pour assister au Conseil général de
l'Aisne, dont il était membre.

Le 2 septembre, arrive de Soissons à Arcis un domestique qui venait, en toute hâte, chercher madame de Bussières, dont le mari, disait-il, était tombé malade et
laissait peu d'espoir. A cette nouvelle, le premier mou-
vement de madame de Bussières fut de faire le signe de
la croix et de dire en sanglotant : « Mon Dieu, ne m'aban-
donnez pas ; ayez pitié de mon pauvre mari. » Puis elle

se rendit à l'église avec M. de Pouilly, et, après une courte et fervente prière, tous les deux partirent pour Soissons.

M. de Pouilly espérait toujours retrouver vivant son gendre. Ce n'est qu'à Soissons, en entrant dans la cour de la maison, qu'un allié de la famille lui dit : « Malheureusement, ce n'est que trop vrai, M. de Bussières n'est plus. » — « Pourquoi n'est-ce pas moi qui suis mort à la place de mon gendre ! s'écria M. de Pouilly ; je ne suis plus qu'un vieillard, je ne suis plus bon à rien, tandis que M. de Bussières pouvait encore rendre des services à la société. »

C'est à ce moment que M. de Clacy raconta en ces termes les détails de ce triste événement :

« M. de Bussières se disposait à partir de Laon dans la voiture publique. Apercevant un prêtre à l'impériale de la diligence (c'était l'abbé Jules Jardinier), il monta courtoisement auprès de lui ; et, pendant le trajet, ils eurent ensemble une conversation fort animée, qui roula en partie sur des matières religieuses. L'air était assez vif, et M. de Bussières éprouva un refroidissement auquel il fit peu d'attention. Arrivé à Soissons, il dîna dans l'appartement de sa mère. Comme elle lui disait : « Vous devez être] bien fatigué de la session et du voyage ? » —

« Jamais je ne me suis si bien porté, » répondit-il en riant. Puis il se retira dans sa chambre. C'est là que, le lendemain matin, son barbier le trouva assis dans son fauteuil. Le croyant endormi, il se retira discrètement dans le jardin. Quand, au bout d'un quart d'heure environ, il se présenta de nouveau, voyant M. de Bussières encore immobile, et son visage d'une extrême pâleur, il comprit qu'il avait cessé de vivre. »

Madame de Bussières n'avait entendu que les premières paroles de ce récit. « Conduisez-moi à mon mari ! s'était-elle écriée, je veux le voir une dernière fois. » En vain on avait voulu l'arrêter, elle était montée rapidement à la chambre où gisait son corps inanimé. A peine entrée, elle se jeta à genoux et recommanda son âme à Dieu. Elle resta longtemps auprès de sa couche funèbre, contemplant ses traits, priant et donnant un libre cours à sa douleur. M. de Pouilly eut bien de la peine à l'arracher à ce lamentable spectacle. Le jour de l'enterrement, on la vit longtemps agenouillée dans la chapelle ardente, les bras appuyés sur le cercueil, priant le Seigneur avec larmes de faire miséricorde à son mari, surpris par la mort sans avoir eu le temps de mettre à exécution son projet bien arrêté de revenir à Dieu par la pratique de ses devoirs religieux.

II

Si les considérations humaines eussent été capables d'apporter quelque adoucissement à la douleur de madame de Bussières, elle aurait pu le trouver dans les regrets de la ville entière, dans les discours prononcés sur sa tombe, mais surtout dans un vote officiel du conseil municipal (1) qui fut envoyé à sa famille.

———————————

(1). « Nous sommes encore, dit le président du Conseil municipal, sous l'impression de la perte immense que la ville et le Conseil municipal viennent de faire : la mort nous a enlevé notre honorable maire et collègue, M. de Bussières, si dévoué aux intérêts du pays, pour lesquels il a négligé sa santé et dépensé le peu de forces qui lui restaient.

« Permettez-moi, Messieurs, pour nous qui avons été ses adjoints, de vous proposer, au nom de M. Deviolaine et au mien, de nous associer aux regrets de toute la ville, en exprimant par un vote public les sentiments de douleur que nous éprouvons tous en perdant ce digne magistrat, qui avait mérité par son savoir, son caractère loyal et conciliant, son aménité constante, les sympathies et la reconnaissance de tous ses concitoyens. »

Le Conseil, à l'unanimité et avec le plus vif empressement, déclare s'associer aux regrets exprimés par son président. Il décide que les paroles qui viennent d'être prononcées seront reproduites dans le procès-verbal de la séance, et qu'un extrait de ce procès-

Ces hommages, cette justice rendue à la mémoire de M. de Bussières, tout honorables qu'ils étaient en eux-mêmes, ne pouvaient consoler cette épouse chrétienne et pleine de foi dans les enseignements de l'Écriture et de l'Église.

La seule pensée que son mari avait quitté cette vie mortelle sans avoir été purifié par les sacrements, devait laisser pour toujours dans son cœur des regrets et une inquiétude que rien au monde ne pourrait calmer, si ce n'est toutefois l'espoir que le Seigneur ne rejette jamais un cœur contrit et humilié ; *cor contritum et humiliatum, Deus, non despicies.* Un moment suffit pour le repentir et le pardon. Peut-être son mari a-t-il eu le temps de demander pardon à Dieu et de désirer de confesser tous ses péchés ! — Mais l'incertitude de ce qui s'était passé dans son cœur avant de rendre le dernier soupir n'en existait pas moins, et c'était un tourment de tous les instants pour madame de Bussières. Aussi que de prières, de mortifications ne fit-elle pas tout le reste de sa vie afin d'obtenir à son mari défunt pleine et entière miséricorde !

---

verbal sera envoyé, en son nom, à la famille de M. de Bussières, comme un témoignage de la part qu'il a prise à sa juste douleur et de sa reconnaissance envers cet homme de bien, pour les nombreux services qu'il a rendus au pays et qu'il voulait lui rendre encore. (*Procès-verbal* du Conseil municipal.)

CHAPITRE SIXIÈME

Le Seigneur, dans sa bonté, avait ménagé à madame Charles de Bussières des sujets de consolation plus vrais et plus durables que les regrets passagers d'une ville attristée.

D'abord sa fille unique, mariée depuis dix ans (5 juillet 1843) à M. Balahu de Noiron, demeurait habituellement avec elle. Dieu avait béni cette union par la naissance d'un fils (1844), à qui l'on avait donné le nom de Jules ; il n'avait pas encore neuf ans lorsqu'il perdit son grand-père, M. de Bussières. Les soins à donner à son éducation devaient naturellement faire quelque diversion à la douleur commune.

Une autre personne, la vénérable mère de M. de Bussières, âgée alors de quatre-vingts ans, survivait à son fils, chez lequel, depuis la révolution de 1848, elle était venue reprendre son ancien appartement, avec la pensée de ne plus le quitter, et d'y vivre en son particulier et avec ses propres domestiques. Néanmoins, chaque semaine les deux ménages se réunissaient tour à tour l'un chez l'autre, entretenant ainsi une douce et agréable union. Après le cruel événement qui les avait frappés, ces réunions eurent lieu plus fréquemment encore : on se consolait ensemble de la perte prématurée du chef si distingué de la famille.

De son côté, M. de Pouilly, après le décès de sa femme, arrivé en 1850, était venu, à l'âge de quatre-vingt-quatre ans, habiter aussi avec sa fille.

Ces deux vieillards, objets d'une profonde vénération et d'une tendresse toute filiale, étaient considérés comme la bénédiction de la maison : aussi étaient-ils entourés des soins les plus assidus et des attentions les plus délicates. On se succédait auprès d'eux pour prévenir l'ennui qui vient de l'isolement, et l'on s'efforçait de leur être de tout point agréable. — Heureuses les familles où l'on tient à honorer la vieillesse des grands parents ! culte bien précieux, toujours récompensé de Dieu, même sur cette terre ; mais culte qui, hélas ! va tous les jours en s'affaiblissant.

M. de Pouilly répondait aux soins de ses enfants par une grande amabilité. Il faisait l'agrément de leur société, en même temps qu'il était pour eux un modèle de bon ton et de savoir-vivre. Il donnait à son excellente fille toutes les marques possibles de confiance, et se laissait guider par elle en toutes choses.

Madame de Bussières était d'autant plus sensible à ce redoublement d'affection de la part de son père, qu'elle espérait en tirer parti pour le plus grand bien de son âme. — Malgré son désir si vif et si légitime de voir son père retourner à la pratique de la religion, elle ne méconnaissait pas en autrui les droits de la conscience, et savait que Dieu n'a pour agréable que les libres hommages du cœur. Elle espérait toujours que, quand le moment fixé par la Providence serait venu, M. de Pouilly, si vénérable à tous égards, élèverait naturellement ses pensées vers Dieu, et qu'il demanderait de lui-même à rentrer en grâce avec lui. Mais en attendant cet heureux moment, elle redoublait ses prières, ses aumônes et ses mortifications pour obtenir du Ciel le salut de son père.

M. de Pouilly avait toutes les qualités désirables dans un homme du monde. C'était la loyauté même ; il avait des inclinations généreuses, et du respect pour la religion et ses ministres. — Un jour même, engagé par le digne archiprêtre M. l'abbé Delabarre à visiter un capitaine en retraite qui était sur le point de mourir, il se rendit volontiers auprès du malade et le détermina à recevoir les derniers sacrements. « Vous êtes, comme moi, lui dit-il, chevalier de Saint-Louis ; vous avez juré, sur le cordon de ce grand roi, de mourir dans la foi catholique. » — Il n'en fallut pas davantage ; la foi se réveilla dans le cœur du moribond ; il demanda avec empressement le saint viatique, le reçut avec bonheur et mourut content.

Malgré cet acte de prosélytisme, qu'aurait envié un conférencier de Saint-Vincent de Paul, M. de Pouilly ne remplissait pas encore lui-même ses devoirs religieux, c'est-à-dire ne se confessait pas et ne communiait pas.

Mais le Dieu des miséricordes lui avait déjà ménagé et lui ménagea encore des événements qui l'amenèrent peu à peu à rentrer en lui-même. La mort subite de plusieurs des siens, de M. Godard de Vingré, son beau-père, à l'âge de quatre-vingt-sept ans, de son gendre âgé de soixante ans, et plusieurs autres accidents analogues, l'avaient fort affligé, et il redoutait d'être lui-même surpris à son tour.

Une dame respectable qu'il visitait souvent à Soissons, madame la générale Desjardins, lui avait parlé de temps en temps de la nécessité de songer à se mettre en règle avec sa conscience, et ces avances n'avaient pas été mal accueillies. Mais il est d'expérience que plus on a différé, plus on se laisse aller à différer encore, sous différents prétextes, même celui de se mieux préparer.

Cependant sa fille était loin de désespérer du prochain retour à Dieu de son père. Elle le voyait si résigné et si patient dans ses souffrances ! — « J'ai vécu quatre-vingt-six ans, disait-il, sans aucune infirmité ; je n'ai pas le droit de me plaindre si, à l'âge où je suis parvenu, j'éprouve ce que tant d'autres plus jeunes ont eu à souffrir. Je bénis Dieu de ses bienfaits passés et j'accepte l'épreuve qu'il m'envoie aujourd'hui. »

M. de Pouilly ne se bornait pas à une simple résignation philosophique. Depuis quelque temps, il entendait régulièrement chaque dimanche une messe basse, et n'omettait pas ses prières du matin et du soir.

La prière est le moyen le plus efficace pour mener à terme une conversion commencée.

Madame de Bussières comptait aussi beaucoup sur les récompenses que Dieu a promises à ceux qui auront aimé à faire l'aumône Elle avait lu dans le livre de Tobie que l'aumône délivre de la mort, efface les péchés, et fait trouver la miséricorde et la vie éternelle ; *eleemosyna a morte liberat, et ipsa est quæ purgat peccata et facit invenire misericordiam et vitam æternam*, etc.

Ce qui eut enfin sur M. de Pouilly une insensible mais véritable influence, et le disposa de longue main à un retour à Dieu plein de franchise, ce fut la vertu de sa fille. — « Quand une religion, dit-il un jour à un de ses amis, fait d'une créature ce qu'est madame de Bussières, il faut que cette religion vienne de Dieu, car les pareilles à ma fille sont rares. »

Aussi lorsque, en 1854, madame de Bussières, s'apercevant que le poids de l'âge se faisait sentir plus qu'auparavant chez son père, crut pouvoir se hasarder un jour, avec une certaine timidité, à lui demander s'il ne serait pas bien aise de remplir ses devoirs religieux, à l'occasion de la fête de Pâques qui approchait, il répondit que c'était son intention et qu'il y pensait depuis longtemps.

Ce fut M. l'abbé Delabarre, ce curé-archiprêtre si vénéré et si aimé des Soissonnais, qui reçut les confidences et les aveux de ce néophyte de quatre-vingt-sept ans. Après s'être approché du sacrement de pénitence, M. de Pouilly voulut aller accomplir le devoir pascal à la cathédrale ; et depuis il témoigna souvent combien il était heureux d'avoir recommencé à vivre de la vie du chrétien.

On verrait sans doute ces sortes de conversions arriver plus fréquemment, si les parents avaient plus de souci du salut des vieillards ou des malades dont le soin leur est confié. Quelle cruauté de laisser mourir un père, une mère, un époux, une parente, sans avoir, à diverses reprises, essayé de leur procurer les consolations et les secours de la religion ! il est vrai qu'il faut agir avec prudence, insinuation et adresse, pour aborder ce grave sujet ; mais, en se recommandant avec ferveur à Dieu et à la sainte Vierge, et en étudiant les moments opportuns, on obtiendrait probablement le résultat que l'on désire, et on préserverait bien des âmes de la damnation éternelle.

L'hiver de l'année 1855, comme, à l'occasion du jubilé, on proposait à M. de Pouilly de faire de nouveau la sainte communion, « Volontiers, répondit-il, d'autant plus que ce sera peut-être la dernière. » — Il était alors devenu tout à fait impotent et ne pouvait être transporté qu'assis dans un fauteuil.—On était au commencement du carême. Un des directeurs du grand séminaire, M. l'abbé Catillion, eut la consolation de lui porter la sainte hostie, le jeudi qui précéda sa mort. Les deux séminaristes qui l'accompagnaient furent émus jusqu'aux larmes, en voyant avec quels sentiments d'humilité, de foi et de piété le malade récita le *Confiteor* et les actes de la communion.

Quelques jours après, on s'aperçut que cet estimable vieillard approchait de sa fin. Il eût bien voulu qu'on lui apportât le saint viatique ; mais l'inflammation du larynx

7

ne permettait plus d'y introduire aucun aliment. M. l'archiprêtre Delabarre lui administra seulement le sacrement de l'extrême-onction. Le lendemain de cette cérémonie, 28 février 1855, le vénéré malade rendit son âme à son Créateur en invoquant sainte Anne, mère de la sainte Vierge.... Il avait accompli sa quatre-vingt-huitième année.

Une dernière consolation restait à la famille. Le Seigneur lui conservait son aïeule paternelle, madame Agathe de Bussières, née de Beaurepaire, dont nous avons déjà parlé. Son grand âge n'avait pas trop altéré sa santé ; elle était d'une stature au-dessus de l'ordinaire, et avait encore beaucoup de dignité dans son maintien et de noblesse dans ses manières. — Pénétrée de reconnaissance envers le Dieu de bonté qui prolongeait ses jours bien au-delà des communes limites, elle attendait avec calme et résignation le moment où elle subirait la destinée dernière de toute créature. Elle se préparait depuis longues années à ce redoutable passage du temps à l'éternité, en s'approchant fréquemment des sacrements de Pénitence et d'Eucharistie. Elle avait eu le bonheur de communier à la fête de l'Épiphanie de 1862, lorsqu'elle fut atteinte d'une bronchite qui la conduisit en peu de jours aux portes du tombeau. Sa mort arriva le 25 février 1862.

à l'âge de quatre-vingt-onze ans et demi. Les soins les plus empressés et les plus intelligents ne lui avaient pas manqué de la part de sa belle-fille et de sa petite-fille.

La mère de M. Louis de Noiron, madame Balahu de Noiron, née Joséphine Labb de Briaucourt, la remplaça chez madame Charles de Bussières. La respectable dame de Noiron, après la mort de son mari (1864) au château de Briaucourt (Haute-Marne), s'était déterminée, à l'âge de soixante-quatorze ans, à venir habiter Soissons auprès de sa belle-fille. — Elle était pieuse, d'un bon cœur et d'une grande simplicité dans ses manières. Elle sut bientôt apprécier les rares qualités de madame de Bussières. « Ta grand'mère, dit-elle un jour à M. Jules de Noiron, c'est un ange. — Je ne dis pas que c'est un ange, répondit modestement le jeune homme, mais c'est en effet une femme peu ordinaire. »

On n'eut pas le bonheur de posséder longtemps cette respectable parente. Elle s'éteignit doucement dans la paix du Seigneur, le 4 avril 1865, à l'âge de soixante-quinze ans. Son corps fut reporté à Briaucourt, et on l'inhuma auprès de son mari et de son père.

Il est à remarquer que plus de quarante ans auparavant (1822), un autre vieillard, père de madame de Pouilly, était mort chez son beau-fils au château d'Arcis-le-Ponsart, âgé de quatre-vingt-sept ans. — La vénération pour les grands parents est une vertu héréditaire dans la famille de Pouilly ; on y a toujours compris la lettre et l'esprit de ces paroles de l'Écriture :

« Écoutez votre père, ne méprisez pas votre mère dans sa vieillesse ; *audi patrem qui genuit te, ne contemnas quum senuerit mater tua.* » (*Prov.*, XXIII, 22.)

« Levez-vous devant les cheveux blancs et honorez la personne du vieillard ; *coram cano capite consurge, et honora personam senis.* » (*Levit.*, XIV, 32.)

CHAPITRE SEPTIÈME

Les devoirs d'une veuve, d'après saint Paul.

Jusqu'ici nous avons considéré madame de Bussières au milieu de sa famille, tantôt enfant pleine de candeur et d'amabilité, tantôt jeune fille docile, modeste et édifiante, enfin épouse dévouée à son mari et disposée à tous les sacrifices pour lui plaire et le rendre heureux.

Considérons-la maintenant dans les treize années de sa viduité. Ses vertus, déjà si remarquables, vont prendre, dans cette nouvelle situation, un accroissement encore plus sensible.

En effet, la pieuse veuve, dégagée des liens qui l'attachaient légitimement à la créature, dirigea dès lors toutes ses aspirations vers le ciel, où elle espérait retrouver l'époux qu'elle avait perdu.

Les passages des lettres de saint Paul qui s'adressent

particulièrement aux veuves lui traçaient des règles auxquelles elle s'efforça de conformer toutes ses actions.

Ces règles peuvent, dans une certaine mesure, être proposées à toute femme, mariée ou non, qui veut vivre en chrétienne au milieu du monde. Nous pensons qu'on ne nous saura pas mauvais gré de les rapporter ici textuellement.

I. Que celle qui est vraiment veuve et délaissée espère en Dieu, et qu'elle persévère jour et nuit dans la prière et l'oraison.

I. Quæ vere vidua est et desolata, speret in Deum, et instet obsecrationibus et orationibus die ac nocte.

II. Une veuve qui vit dans les délices est morte quoiqu'elle paraisse vivante. — Faites-leur entendre ceci, afin qu'elles se conduisent d'une manière irréprochable.

II. Vidua quæ in deliciis est, vivens mortua est ; et hoc præcipe ut irreprehensibiles sint.

III. Si une veuve a des fils ou des petits-fils, qu'ils apprennent avant toute chose, *par son exemple,* à gouverner leur maison, et à faire pour leurs parents ce que leurs parents ont fait pour eux. Car cela est agréable à Dieu.

III. Si qua autem vidua filios aut nepotes habet, discat primum domum suam regere et mutuam vicem reddere parentibus ; hoc enim acceptum est coram Deo.

IV. Si quelqu'un n'a pas soin des siens, et particulièrement de ceux de sa maison, de ses domestiques, il a renoncé à la foi et est pire qu'un infidèle.

IV. Si quis autem suorum, et maxime domesticorum, curam non habet, fidem negavit et est infideli deterior.

V. Il faut qu'une veuve vive de telle façon qu'on puisse rendre témoignage de ses bonnes œuvres : qu'elle a bien élevé ses enfants, exercé l'hospitalité, secouru les affligés ; qu'elle s'est appliquée à toute sorte de bien.

V. *Vidua in operibus bonis testimonium habens, si filios educavit, si hospitio recepit, si sanctorum pedes lavit, si tribulationem patientibus subministravit, et omne opus bonum subsecuta est.*

(1re *épître à Timothée.*)

Madame de Bussières avait souvent lu et médité ces paroles de saint Paul, et elle obtint de Dieu la grâce de les mettre en pratique avec une constance et un courage qui ne se sont jamais démentis.

CHAPITRE HUITIÈME

Règlement de vie, pratiques de piété et dévotions de Mme de Bussières.

La première qualité que saint Paul exige d'une veuve, c'est qu'elle soit pieuse, qu'elle mette en Dieu toute son espérance et qu'elle s'unisse à lui par une prière continuelle (1).

La piété de madame de Bussières était sincère, constante, soumise à une règle de vie invariable ; — elle avait pour base une profonde humilité, qui se manifestait au dehors par une indulgente charité.

Elle aimait Dieu de toute son âme, de tout son esprit, de toutes ses forces. Elle se sentait pleine de respect pour ses grandeurs et de reconnaissance pour ses bienfaits. Sa

---

(1) Quæ vere vidua est et desolata speret in Deum, et instet obsecrationibus et orationibus die ac nocte. (I Timoth. 5.)

7*

confiance en sa bonté, son abandon à la Providence étaient sans bornes, et elle n'entreprenait rien sans l'avoir consulté dans le recueillement et la prière.

Elle avait été singulièrement frappée d'un mot que lui avait dit un jour son diretceur. C'était la parole que Dieu lui-même avait adressée à Abraham au moment de contracter avec ce patriarche une alliance éternelle : « Je suis le Dieu tout-puissant ; marche en ma présence et sois parfait ; *ambula coram me et esto perfectus* » (*Genèse,* xvii, 1). La lumière s'était faite aussitôt dans son esprit, et elle avait compris que le souvenir habituel de la présence de Dieu était un des meilleurs moyens pour éviter le péché et produire des actes de vertu. Elle mit dès lors tous ses soins à s'habituer à cette salutaire pratique.

Elle fit depuis bien souvent sa méditation sur un passage qu'elle avait remarqué dans un des psaumes où est développée la même pensée :

« Seigneur, tout vous est connu. C'est vous qui m'avez formé ; vous pénétrez tout ce qui est en moi d'une manière admirable. Où irai-je pour me dérober à votre vue ? Si je monte au ciel, vous y faites votre demeure ; si je descends dans l'enfer, vous y êtes présent. Si je m'envole aux extrémités de l'Océan, c'est votre main qui m'y conduit. Les ténèbres les plus épaisses ne peuvent me cacher à votre regard. Vous voyez ce qui se passe au plus intime de moi-même. » (*Ps.* 138.)

Pénétrée profondément de ce salutaire enseignement, madame de Bussières voyait Dieu partout et se tenait le plus possible en sa présence dans un calme religieux. On ne saurait énumérer les fruits abondants qu'elle a retirés de ce saint exercice. Aussi elle priait en tout lieu, même au milieu des conversations auxquelles elle prenait part. Quelquefois, seule dans sa chambre, croyant n'être entendue de personne, elle s'abandonnait à toute la ferveur de son amour, et redisait tout haut quelques-unes des prières et des aspirations qu'elle affectionnait davantage.

Mais quelque ardeur qu'elle sentît en elle-même pour servir le Seigneur, elle savait reconnaître la faiblesse et l'inconstance de notre pauvre nature, qui a besoin d'être tenue en bride pour ne pas devenir un obstacle à des résolutions même fermement arrêtées. Longtemps avant sa viduité, elle s'était imposé, de concert avec son directeur, un règlement de vie, c'est-à-dire une distribution générale de son temps et une série d'exercices spirituels auxquels elle s'astreignait chaque jour, afin de mettre sa piété à l'abri du caprice et du relâchement.

La fidélité aux exercices du matin dépend de l'heure du

lever (1) ; le lever dépend du coucher ; de sorte que le premier article de tout règlement de vie doit avoir pour objet de fixer, avant tout, l'heure à laquelle on devra habituellement se coucher.

Le monde a introduit des usages qui nuisent considérablement à la piété chrétienne aussi bien qu'à la santé du corps. Il fait de la nuit le jour, et du jour la nuit. Alors plus de méditation, plus de communions fréquentes, et souvent pas de prière du matin.

Chez madame de Bussières, la prière du soir, à laquelle assistaient tous les domestiques, se récitait à neuf heures. Son lever était fixé à cinq heures en été et à six heures en hiver.

Dans ces premières heures du jour, l'esprit est plus

---

(1) « Une jeune veuve de trente-quatre ans (c'est Mgr Dupanloup qui parle) étant venue me demander un conseil pour l'éducation de ses enfants, je lui parlai de sa vie à elle : — Je me lève, me dit-elle, tous les jours à cinq heures du matin, et c'est vous qui avez déterminé chez moi cette habitude. Je la connaissais fort peu. Surpris de cette réponse, je lui demandai comment cela pouvait se faire ? — Quand vous veniez nous voir autrefois, vous vous promeniez avec ma mère, et je marchais devant vous. Je vous entendis un jour dire : Une personne qui se lève tous les jours à cinq heures est assurée de son salut, car c'est à ces heures que l'âme se nourrit de sa meilleure nourriture. — Je n'ai jamais oublié cette parole, et depuis je l'ai toujours mise en pratique. »   (Mgr Dupanloup.)

libre et mieux disposé aux réflexions sérieuses. Madame de Bussières n'aurait voulu pour rien au monde omettre sa méditation ; c'est ce qu'elle appelait la demi-heure du bon Dieu. Cet entretien intime avec Celui qui sonde les cœurs et les reins la fortifiait dans l'intelligence des vérités de la foi et dans la connaissance de son propre cœur. L'oraison était pour son âme une nourriture délicieuse, et elle y goûtait par avance les joies du paradis :

> Dulcique mentem pabulo
> Orationis nutriens,
> Cœli potitur gaudiis (1).
>
> *(Hymne des Saintes Femmes.)*

Elle terminait ce premier exercice en renouvelant ses bonnes résolutions et en réglant l'emploi de sa journée.

Après avoir ainsi pourvu à la nourriture quotidienne de son âme, elle n'employait que le temps *strictement nécessaire* aux soins corporels et extérieurs. Elle ne passait pas plusieurs quarts d'heure à se contempler devant une glace.

Pour se rendre à l'église, elle ne voulait qu'être décemment vêtue, et elle ne soupçonna jamais qu'un grand

---

(1) L'oraison était pour son âme une nourriture délicieuse et elle y goûtait les joies du paradis.

étalage de luxe fût une disposition bien utile pour assister avec fruit au sacrifice de l'autel.

Les lectures instructives (1) et les saintes méditations qu'on lui avait conseillé de faire sur le sacrifice de la messe lui en avaient fait concevoir la plus haute idée. Elle y voyait la continuation de l'œuvre du Calvaire, et y assistait comme si elle eût été présente à la passion du Sauveur. Au moment de la consécration, l'église se changeait pour elle en un véritable ciel.

Le plus ou moins d'empressement et de goût pour assister à la messe est la pierre de touche qui aide à juger sûrement du degré de piété où quelqu'un est parvenu. Celui qui ne sent pas en soi le désir d'assister au saint sacrifice n'a certainement aucune piété.

« Que c'est une bonne chose, nous disait un jour un conférencier de Saint-Vincent-de-Paul, que c'est une bonne chose d'aller tous les jours à la messe ! » — Ce conférencier, on ne peut en douter, aimait véritablement

---

(1) On peut choisir entre les ouvrages suivants : — *Explication littérale, historique et dogmatique des prières et des cérémonies de la messe,* par le P. Lebrun. 1 vol. in-8. — *Explication de la messe,* par Mgr Lecourtier. in-12. — *Explication de la liturgie,* par l'abbé Noël, vic. gén. de Rodez. 5 vol. in-12, Ruffet. — *La liturgie du dimanche,* par l'abbé Moreau. In-18.

Notre-Seigneur, et lui en donnait chaque jour une preuve irrécusable.

Madame de Bussières pensait et agissait de même. Malgré la faiblesse de sa santé, jamais elle ne s'est privée volontairement d'y assister chaque jour. Elle se serait crue bien ingrate envers le divin Sauveur si elle s'était sentie tant soit peu indifférente au sujet de cet acte religieux, le plus important du culte catholique, et celui auquel tout aboutit et tout se rapporte dans notre sainte liturgie.

C'était tantôt au grand séminaire, tantôt à l'hôpital, tantôt à la cathédrale qu'elle entendait la messe les jours de la semaine, et le plus matin possible. Au séminaire, on la voyait arriver dès que la chapelle était ouverte, à six heures. Les temps les plus rigoureux de l'hiver ne ralentissaient pas son ardeur, tant un corps si fragile était habité par une âme forte et courageuse ! Et ces saintes habitudes dataient de loin, comme le prouve le trait suivant :

Avant son mariage, une femme de chambre l'accompagnait à l'église. Voyant sa jeune maîtresse rester encore à genoux et continuer à prier, après que le prêtre avait quitté l'autel, il lui arriva de lui dire plus d'une fois avec une certaine vivacité : « Quand le prêtre a fini, c'est fini, il descend de l'autel et s'en va ; pourquoi donc restez-vous après que le prêtre est parti ? » — Cette brave fille ne comprenait pas que sa maîtresse eût toujours beaucoup à dire et à demander à Dieu, son rédempteur.

C'était, en effet, au saint sacrifice de la messe que madame de Bussières présentait à Dieu toutes ses requêtes, espérant ainsi en être plus facilement exaucée.

Depuis bien des années, elle demandait, avant tont, d'être préservée d'une mort subite et imprévue. Elle priait toujours pour sa famille ; elle suppliait instamment N. S. J.-C. de bénir son petit-fils d'une bénédiction spéciale et de faire fructifier en lui les germes précieux qu'une éducation soignée et toute chrétienne avait déposés dans son cœur, tant à Saint-Léger de Soissons qu'à la Providence d'Amiens. — Ce fut pour attirer encore davantage les grâces de Dieu sur ses enfants et pour mieux remplir elle-même à leur égard les devoirs de mère qu'elle s'empressa de se faire inscrire dans l'archiconfrérie des Mères chrétiennes, que venait de fonder le R. P. Théodore Ratisbonne (1856) ; création admirable qui, en moins de dix ans, est parvenue à réunir plus de 100,000 dames chrétiennes dans une union quotidienne de prières, pour obtenir la conservation de la foi catholique au sein des familles de France et de tous les pays.

La sollicitude de madame de Bussières auprès de Notre-Seigneur Jésus-Christ immolé sur l'autel ne se bornait pas à ses intérêts personnels et à ceux de sa famille, de ses connaissances, de ses pauvres, et de ses malades ; elle embrassait dans toute son étendue les besoins du monde entier. Elle priait pour sa ville natale, pour son diocèse, pour la France, pour la prospérité des œuvres catholiques. Dans ces dernières années elle redoublait ses supplications en faveur de l'Église et du Vicaire de Jésus-Christ, le père commun de tous les fidèles, afin que le temps de ses épreuves fût abrégé, et que l'acharnement et la fureur de ses ennemis tournât à l'avantage de la religion. 'Fidèle aux prescriptions de l'Église, elle tenait singulièrement à sanctifier les dimanches et les fêtes d'obligation. Elle avait un soin scrupuleux, ces jours-là, de ne faire rien acheter chez les marchands, même pour ce qui concernait la nourriture ordinaire ; faisait prendre la veille les provisions nécessaires, ne souffrait pas qu'on se livrât dans sa maison à aucune œuvre servile. De plus, toutes les fois qu'elle faisait un compromis avec des ouvriers, elle y inscrivait toujours la condition formelle qu'on ne travaillerait jamais les dimanches et fêtes aux travaux convenus.

En ces saints jours, elle arrivait à l'église assez tôt pour être présente à la distribution de l'eau bénite, à cause des grâces particulières de componction qui y sont attachées. Pendant la grand'messe, elle suivait et méditait dans tous ses détails l'office du jour, et entrait parfaitement dans les desseins que l'Église avait eus en le composant. Elle faisait de même pour l'office de vêpres. Son *paroissien* était pour elle un véritable livre de piété où elle trouvait de quoi éclairer son esprit et entretenir dans son cœur le feu de l'amour divin. La plupart des fidèles ignorent quels trésors d'instruction, de sentiment et même de poésie sont renfermés dans ce petit livre qu'on appelle le *Paroissien !* Combien de fois madame de Bussières n'a-t-elle pas lu et relu l'admirable office des morts, qui avait pour elle un attrait particulier.

Les psaumes de la pénitence lui servaient à s'exciter à la contrition, quand elle s'approchait du saint tribunal. Les *laudes* lui fournissaient, après ses communions, les actes les plus chaleureux de la reconnaissance. Les admirables oraisons de la messe et celles qui sont mises à la suite des litanies des saints répondaient parfaitement aux diverses supplications qu'elle avait à faire à Dieu pour ses propres besoins et ceux des autres.

Madame de Bussières se faisait encore un devoir de se rendre, selon les occasions, à diverses réunions de piété.

ne se privait pas volontairement d'un seul sermon, elle mettait toute son attention à en tirer un véritable ofit.

Elle écoutait le prédicateur en présence de Dieu, comme le Seigneur lui eût parlé par la bouche de son ministre. le se tenait attentive et recueillie, laissant son cœur se cêter aux impressions de la grâce divine, et tirant toujours our elle-même, de l'ensemble du discours, quelque onclusion pratique. — Et en effet, aller à l'église comme une séance académique, ne songer qu'à se poser en ristarque ou en zoïle devant le prédicateur, tenir à faire e connaisseur ou même la connaisseuse, pour signaler nsuite dans les cercles ou salons les défauts qu'on a cru remarquer en lui, critiquer son geste, ses intonations, le son de sa voix, son style, sa diction, c'est mettre un obstacle réel aux effets spirituels qui sont le but de toute prédication, c'est changer en péché ce qui devait être pour nous un stimulant à quelque nouvel acte de vertu, ou à une réforme peut-être capitale dans nos mœurs. Selon Bossuet et un Père de l'Église, les auditeurs fidèles font les prédicateurs évangéliques, parce que, les prédicateurs étant pour les auditeurs, les uns reçoivent d'en haut ce que méritent les autres, *hoc doctor accipit quod meretur auditor.*

L'assistance aux saints offices ne suffisait pas à madam
de Bussières pour satisfaire l'amour et la reconnaissanc
dont elle était pénétrée envers la sainte Eucharistie. Au
jourd'hui, hélas ! chez un certain nombre de catholique
la foi en la présence réelle paraît être bien peu consé
quente avec elle-même, puisqu'on ne va pas souvent ren
dre à Jésus-Christ résidant dans le tabernacle des hom
mages personnels et spontanés. Lorsque, dans ses course
à travers la ville, madame de Bussières se trouvait prè
d'une église, il était rare qu'elle n'y entrât pas, du moin
un instant, pour faire un acte d'adoration et une court
prière ; ou, si par hasard le temps lui manquait absolu
ment, elle s'inclinait respectueusement en passant, e
satisfaisait ainsi sa dévotion sans causer aucun retard à
ses affaires. De même, dans les voyages, dès qu'elle apercevait un clocher, elle adorait intérieurement Notre-Seigneur, si souvent privé d'adorateurs, surtout dans les
paroisses de la campagne.

De plus, elle faisait régulièrement dans l'après-midi une
visite au très-saint Sacrement. Lorsque des circonstances
indépendantes de sa volonté ne lui avaient pas permis
d'accorder à son cœur cette pieuse consolation, elle y
suppléait chez elle par quelques prières. Elle s'informait
aussi de l'heure des saluts qui avaient lieu pendant la

semaine à l'Hôtel-Dieu, à l'Hôpital et au séminaire, et elle disposait ses occupations de manière à pouvoir s'y rendre.

Pendant tout le temps qu'elle résidait chaque année à Arcis-le-Ponsart, une de ses plus douces jouissances était d'avoir, pour ainsi dire, l'église à sa disposition. Pour s'en procurer l'entrée aussi souvent qu'elle le voudrait, elle avait obtenu d'en garder toujours chez elle une clef, privilége auquel elle attachait le plus grand prix. Au reste, ses visites ne se prolongeaient pas démesurément, et la surveillance de sa maison n'en a jamais souffert.

Parmi les autres dévotions de madame de Bussières, on peut compter comme une des principales son zèle pour procurer le soulagement des âmes du purgatoire. Elle ne se contentait pas de visiter souvent le cimetière, et de s'agenouiller sur la tombe de ses parents ; elle faisait dire chaque année un grand nombre de messes à leur intention, ainsi qu'à l'intention des âmes les plus aban-données de leurs héritiers insouciants ou sans foi. Elle s'astreignait aussi à réciter certaines prières auxquelles sont attachées des indulgences spéciales. Elle regrettait de n'avoir pas été autrefois instruite davantage sur l'uti-lité qu'on peut retirer des indulgences pour soi-même et pour les autres, et sur les conditions à remplir pour les gagner. Dans ses dernières années, elle réparait le temps perdu, autant qu'il était en elle.

C'était aux mêmes intentions qu'elle faisait chaque semaine le chemin de la croix, exercice auquel l'Église, dans sa sollicitude pour les âmes des défunts, attache un si grand nombre d'indulgences qui leur sont toutes applicables, et dont se privent trop facilement tant de chrétiens, par défaut d'instruction ou par oubli.

Madame de Bussières, dont la vie était si pure et si sainte, tenait à se confesser tous les huit jours, et elle le faisait régulièrement, toutes les fois que cela lui était possible. Mais autant par un sentiment d'humilité que par respect pour le caractère du sacerdoce, elle savait se gêner elle-même pour ne pas déranger dans ses travaux son confesseur, et elle ne se présentait d'ordinaire au saint tribunal qu'aux heures assignées à tout le monde sans distinction de personnes.

Madame de Bussières n'était pas non plus de ces dévotes à l'esprit mobile et inquiet, qui, n'ayant en réalité confiance pleine en personne, ont habituellement trois ou quatre confesseurs attitrés dont elles sont, comme de raison, satisfaites ou mécontentes tour à tour ; — de ces dévotes qui portent au tribunal de l'un les cas de conscience déjà résolus par l'autre, et soumettent de rechef au premier le jugement porté par le second , sans que, à la suite de ces appels successifs de tribunal à tribunal , elles parviennent jamais à se faire une règle claire et certaine pour la conduite de leur vie, ou pour l'appréciation exacte de ce qui se passe en réalité dans le fond de leur cœur et de leur conscience.

Il n'est personne qui n'ait des défauts , et la confession fréquente est un des moyens les plus efficaces pour corriger ceux qu'on a.

Un auteur célèbre a divisé nos défauts en trois classes : ceux qu'on connaît et qu'on veut corriger; ceux qu'on connaît et dont on ne veut pas se défaire ; enfin ceux qu'on ne connaît pas.

« Et personne, ajoutait-il, en s'adressant spécialement aux dames, personne ne connaît tous ses défauts, et *votre confesseur n'en sait pas toujours le premier mot.* Il sait seulement ce que vous lui dites ; et pour le reste, s'il n'a pas l'art de deviner, il est réduit à des doutes, à des conjectures. Il faudrait qu'il vécût trois mois près de vous à la campagne, ou qu'il interrogeât votre mari ou ceux qui vous servent; sur ce point, ils sont plus instruits que qui que ce soit. »

Madame de Bussières désirait sincèrement connaître tous ses défauts, et il n'y en avait aucun dont elle ne voulût pas se corriger. Elle s'interrogeait elle-même minutieusement dans ses examens ; et elle a souvent prié son directeur de lui dire franchement et sans détour ce que lui-même ou les autres remarquaient en elle de défectueux. Avec quelle louable simplicité elle se faisait connaître ! « Les femmes, dit Mgr Mermillod, portent au saint tribunal les sinuosités de leur nature ; elles prennent habituellement des sentiers détournés. Leur imagination les trompe, et elles ont besoin que le prêtre les éclaire dans les ténèbres de leur conscience. » Il n'en était pas ainsi de madame de Bussières. Sa droiture et son humilité étant connues, chacun peut se représenter avec quelle componction elle devait accuser ses légers manquements, effet de la fragilité de notre nature. Elle profitait des visites que lui faisaient quelques ecclésiastiques, ou de celles qu'elle leur faisait elle-même, pour leur demander des avis. Avec quelle candeur elle exposait ses embarras ou ses peines ! Mais, guérie depuis longtemps de la maladie des scrupules, elle s'en rapportait entièrement à leur parole ; et quand on lui avait donné une décision, elle l'acceptait comme étant l'expression de la volonté de Dieu.

Elle mettait une attention toute particulière à accomplir les pénitences qui lui étaient imposées au saint tribunal et qui sont, comme chacun le sait, une partie intégrante du sacrement de la réconciliation. Un point de son examen du soir était de se demander si ce jour-là sa pénitence sacramentelle avait été accomplie.

A cause du profond respect qu'elle avait pour ce sacrement, elle se serait bien gardée d'interroger les autres sur leurs confessions ; et elle s'était fait pour elle-même une règle invariable de ne faire jamais de ses confessions, ni de ses confesseurs, ni des pénitences qui lui étaient imposées, une matière de conversation. Elle avait trop souvent été témoin des graves inconvénients qui résultent de ces divulgations indiscrètes de la part de personnes légères et inconséquentes, qui, pour se donner de l'importance, ont toujours sur les lèvres le nom du directeur de leur âme, ne veulent pas assister à d'autres messes que la sienne ; et, par irréflexion ou par une folle démangeaison de parler, le compromettent à tout propos ; et, au risque de rendre odieux et méprisable l'usage du saint tribunal (1), rapportent ou traduisent

---

(1) « Les hommes du monde s'éloignent de la confession, parce qu'ils entendent les mille imprudences de paroles que vous faites ; ils vous entendent juger vos juges, et ils connaissent mal notre foi, parce que vous leur en faites des travestissements par des causeries malheureuses et inconsidérées. » (Mgr MERMILLOD.)

plus ou moins fidèlement les défenses que leur fait le confesseur et les conseils particuliers qu'il leur donne.

Pour madame de Bussières la confession était un acte sérieux et intime, dont les autres n'avaient pas à s'occuper, et qu'elle accomplissait toujours avec réflexion, et avec la ferme résolution de devenir de jour en jour moins imparfaite, en mettant à exécution tout ce que lui suggérait l'expérience du ministre sacré.

Ses confessions hebdomadaires étaient le premier acte préparatoire à la réception de la sainte Eucharistie, à laquelle elle avait depuis longtemps le bonheur de participer deux ou trois fois la semaine. — A l'imitation de saint Louis de Gonzague, l'intervalle qui séparait chacune de ses communions était partagé entre l'action de grâces de la communion précédente et la préparation à la communion suivante. Toutes ses pensées, toutes ses aspirations se rapportaient à cet unique objet, c'était vers ce but qu'elle dirigeait toutes ses réflexions, toutes ses œuvres, tous ses sacrifices. — Quel soin ne mettait-elle pas à faire son action de grâces ! Dans ces moments précieux où elle avait Dieu en sa possession, elle passait en revue tous les êtres qu'elle aimait : ses parents, ses amis, ceux qu'elle avait perdus, etc. Elle présentait au cœur de Jésus toutes les intentions indiquées chaque mois dans l'*Apostolat de la prière* (1). L'action de grâces était pour elle un quart d'heure de véritable jouissance, pendant lequel elle était comme absorbée en Dieu. Des communions faites avec de si saintes dispositions ne pouvaient pas être stériles. Elles devaient infailliblement produire dans cette âme vraiment chrétienne des fruits de sainteté, une plus grande perfection intérieure et extérieure, un détachement plus complet, une charité plus ardente, et surtout une humilité plus sincère et plus profonde.

Son amour pour la sainte Eucharistie lui faisait regretter le peu de pompe et la pauvreté du luminaire, lorsque, aux Quarante Heures ou dans l'octave de la Fête-Dieu, le saint Sacrement reste exposé toute la journée dans la cathédrale (2).

Madame de Bussières s'est bien souvent affligée de la tenue peu respectueuse d'un certain nombre de personnes qui suivent la procession solennelle de la Fête-Dieu, et qui changent en une simple promenade d'agrément, en une exhibition de toilettes, l'une des plus touchantes

---

(1) Voir le *Messager du Cœur de Jésus* et le livre du R. P. Ramière, intitulé : *l'Apostolat de la prière.* Un vol. in-18.

(2) Depuis 1867, la décoration de l'autel où le saint Sacrement est exposé à la cathédrale de Soissons, ne laisse plus rien à désirer.

cérémonies du catholicisme. En voyant tant d'indifférence et tant de légèreté, elle ne pouvait s'empêcher de verser des larmes.

C'était dans un but de réparation qu'elle aimait à communier tous les vendredis, jours spécialement consacrés par l'Eglise à honorer le sacré cœur de Jésus.

C'était avec les mêmes intentions qu'elle s'était fait inscrire dans la confrérie du Sacré-Cœur de Jésus (1), confrérie dont elle avait vu, fort jeune encore, le rétablissement solennel dans la cathédrale de Soissons.

Madame de Bussières aimait trop Notre-Seigneur pour ne pas aimer sa Mère. Elle avait en elle une confiance sans bornes. Son image était dans tous ses livres, et sa

---

(1) Mgr Leblanc de Beaulieu, évêque de Soissons, par suite de ses préjugés jansénistes, avait, en arrivant dans le diocèse en 1802, supprimé la fête du Sacré-Cœur de Jésus, et en avait fait arracher l'office de tous les *Paroissiens*. Lorsque l'abbé Ronsin, un des pères de la foi, momentanément vicaire de la cathédrale, l'eut ramené à de meilleurs sentiments, l'office du Sacré-Cœur fut rétabli, une confrérie fut érigée dans la cathédrale ; et le même prélat, pour réparer le passé, voulut officier lui-même pontificalement à la fête du Sacré-Cœur de Jésus. Dès ce moment, il changea ses armoiries et prit un cœur enflammé pour emblème avec cette devise : *Supermineat caritas*. Le souvenir du sincère et éclatant repentir de ce vénéré pontife est encore présent à la mémoire de tous ceux qui l'ont connu.

statue dans plusieurs de ses chambres, afin que ces objets extérieurs pussent lui rappeler la pensée de sa bonne Mère. — Elle portait sur sa poitrine le scapulaire du Carmel et celui de l'Immaculée-Conception, auquel sont attachées tant de faveurs spéciales.—A l'église, elle aimait à faire ses prières devant son autel, particulièrement les samedis et les jours consacrés à ses fêtes. Chaque jour elle récitait le chapelet tout entier. Comme elle dormait fort peu, elle mettait ses insomnies à profit en récitant des prières en son honneur. Néanmoins toute sa dévotion envers la Mère de Dieu ne consistait pas seulement à s'imposer des pratiques extérieures ; elle méditait ses vertus et lui demandait la grâce de pouvoir imiter son humilité et son amour pour son divin Fils.

Saint Joseph, le père nourricier du Sauveur des hommes, qui a eu le bonheur de mourir entre les bras de Jésus et de Marie, était un des bienheureux que madame de Bussières invoquait avec le plus de confiance, surtout pour obtenir de Dieu, par sa puissante intercession, la grâce d'une bonne et sainte mort ; et elle avait adopté une prière particulière qu'elle récitait à cette intention plusieurs fois par jour.

Les vies des saints plaisaient singulièrement à madame de Bussières, et quoique, faute de connaître un ouvrage convenable et assez court dans sa rédaction , elle ne se fût pas assujétie à la louable pratique qui était autrefois générale dans les familles chrétiennes, de lire chaque soir la vie du saint dont on devait célébrer la fête le lendemain , elle se donnait de temps en temps cette satisfaction. D'autres fois elle lisait avec délices quelque vie plus étendue , surtout des saints ou des personnes pieuses qui avaient vécu dans des temps plus rapprochés de nous (1).

Une des pratiques les plus propres à produire l'amendement de notre vie et l'avancement dans la vertu, est sans contredit l'EXAMEN DE CONSCIENCE, fait régulièrement

____

(1) Les vies des saints les plus estimées sont :

1°. *Vies des Saints,* par Godescard, édition corrigée et augmentée par M. l'abbé Herbet, etc. 12 vol. in-8°, édités par Lefort à Lille et Gaume à Paris.

2°. *Vies des Saints,* par le P. Giry, édition complétée et corrigée par M. Paul Guérin. 12 vol. in-8° ou in-12, chez Palmé.—L'abrégé est en 4 vol. in-12, chez Palmé.

3°. *Les Petits Bollandistes.* C'est la sixième édition du P. Giry, augmentée d'un grand nombre de notices nouvelles. C'est la plus complète qui existe , mais le texte tout entier aurait besoin d'une intelligente et très-sévère révision. 15 vol. in-8°, chez Palmé , rue de Grenelle-Saint-Germain, 25, à Paris.

4°. *Vies des Saints,* d'après les légendes du bréviaire romain. Un seul vol. in-12. Putois-Crété.— Une autre par M. de Riancey.

chaque jour, avec soin et d'une manière sérieuse. L'examen et la méditation, a dit quelqu'un, sont les deux colonnes de l'édifice spirituel. L'examen de conscience a été recommandé par tous les maîtres de la vie spirituelle, et même reconnu fort avantageux par les philosophes de l'antiquité et, dans ces derniers temps, par un homme dont le nom est devenu populaire en France et en Amérique, le philosophe Francklin. C'est faire pour le salut éternel ce que font chaque jour tous les négociants pour le commerce qu'ils ont entrepris; faute de cette reddition de compte quotidienne, on se trouverait en peu de temps dans l'impossibilité de se reconnaître dans ses affaires.

Madame de Bussières, comme toute personne sérieusement pieuse, faisait chaque jour deux examens. Après la prière du matin, c'était l'examen *de prévoyance*. Elle déterminait ce qu'elle se proposait de faire de particulier dans la journée, soit pour combattre ses propres défauts, soit pour mieux servir Dieu et être plus utile au prochain. Le soir, avant de s'endormir, elle parcourait heure par heure toute sa journée, se rendait compte de chacune de ses actions, en pesait les motifs, s'humiliait de ses manquements à ses résolutions du matin, demandait à Dieu pardon par un acte de contrition et par une prière spéciale que tout chrétien devrait réciter en se couchant.

Quelle qu'ait été la fidélité de madame de Bussières à éviter les moindres manquements et à entretenir en elle une constante ferveur, il ne faut pas s'imaginer que sa piété a été exempte de ces sortes d'épreuves par lesquelles le Seigneur a coutume de faire passer les âmes qui lui donnent le plus de preuves de leur amour. Elle **a eu**, à diverses époques, ses moments de sécheresses et de désolations intérieures. Mais, avec la grâce de Dieu et les conseils de son directeur, elle les supportait avec patience et courage, sachant parfaitement que les tendresses du cœur, les douceurs spirituelles, les saintes émotions dans l'oraison ou dans la communion ne constituent pas la vertu solide, mais qu'elles sont seulement comme *le luxe de la piété*. Elle recevait avec reconnaissance et humilité les faveurs célestes ; elle les regardait comme un encouragement à sa faiblesse, mais elle se résignait à l'avance à en être privée pour marcher péniblement, à travers les aridités et les souffrances du cœur, dans la voie de l'abnégation et du renoncement recommandés par l'Évangile.

Un dernier article de son règlement de vie était la RETRAITE DU MOIS. Voici en quoi elle consistait. Le premier jour de chaque mois, à la place de la méditation ordinaire, elle faisait une revue générale du mois précédent. Elle terminait cet exercice par une préparation à la mort, et récitait à cette fin ou le *Dies iræ* en français, ou les prières des agonisants, ou les litanies de la bonne mort, ou un des psaumes de la pénitence, ou bien encore les paroles mêmes de Notre-Seigneur sur la vigilance :

Soyez prêts, parce que, à l'heure que vous ne pensez pas, le Fils de l'homme viendra.

Et vos estote parati, quia qua hora non putatis Filius hominis veniet. (Luc., XII, 40.)

Il viendra comme un voleur dans la nuit.

Sicut fur in nocte, ita veniet. (I Thess., V, 2.)

Veillez, car vous ne savez pas quand le maître de la maison viendra, si c'est le soir ou à minuit, ou au chant du coq ou le matin.—Veillez, de peur que survenant tout d'un coup, il ne vous trouve endormis.

Vigilate (nescitis enim quando Dominus domus veniat : sero an media nocte, an galli cantu, an mane), ne cum venerit repente inveniat vos dormientes. (Marc., XIII, 35.)

A la suite de cette retraite mensuelle, la pensée de la mort accompagnait madame de Bussières dans toutes ses actions. C'était pour elle un préservatif contre les fautes et un stimulant pour atteindre à une plus grande perfection.

Outre ce petit recueillement de tous les mois, elle a de temps en temps profité des grandes retraites (1) de six

---

(1) La retraite de Saint-Médard se donne chaque année, dans le mois d'août, dans les bâtiments de l'institut des Sourds-muets. On

jours, prêchées spécialement pour les dames, soit à la cathédrale, soit au couvent de la Croix, soit à Saint-Médard.

Les ouvrages qui ont contribué le plus à éclairer madame de Bussières sur la vraie manière de pratiquer la dévotion sont l'*Imitation de Jésus-Christ*, l'*Introduction à la vie dévote* de saint François de Sales, et le *Combat spirituel* (1). C'étaient ses livres favoris et auxquels elle revenait toujours. Elle se servait encore d'un petit livre sur la passion de Notre-Seigneur ; c'était sa lecture spirituelle des vendredis.

Tel était le réglement de vie auquel madame de Bussières s'était astreinte. Elle s'y est montrée fidèle jusqu'à sa mort. Il ne renferme rien que de simple, d'ordinaire et de commun, et cependant nous affirmons qu'il faut un

---

y est reçu comme pensionnaire. Les frais sont peu considérables.

De plus, à Notre-Dame-de-Liesse, les **Dames de la retraite,** ayant pour supérieure madame de Saint-Privas, reçoivent toute l'année les personnes de toute classe qui veulent passer quelques jours dans le recueillement, et suivre les *exercices de saint Ignace.* A différentes époques de l'année, on y donne aussi des retraites prêchées. On en trouve l'indication et la date dans l'*Ordo* diocésain.

(1) M. l'abbé Riche a donné une traduction nouvelle du *Combat spirituel ;* elle est plus exacte et beaucoup plus complète que toutes les autres éditions. On la trouve à Paris, à la librairie d'Adrien Le Clere, un vol. in-32.

véritable courage pour l'adopter définitivement et l'observer constamment.

Toute personne qui veut vivre chrétiennement doit en
avoir un. « Faites-vous un règlement, *un règlement écrit*,
parce que ce qui est écrit reste à l'abri des légèretés de la
vie. Sans ce règlement il n'est pas de vie chrétienne. (*Mgr
Dupanloup.*) ». Sans une règle qui assure chaque jour
nos prières, notre méditation, nos examens, nos lectures
spirituelles, et, à des époques déterminées, nos confessions et nos communions, etc., il n'y a pas de vie pieuse
possible.

Il est toutefois important de se bien dire à soi-même
que ces exercices, ces pratiques de dévotion, ces associations, ces confréries et archiconfréries ne sont pas encore
la perfection. Ce ne sont que *des moyens qui peuvent nous
y conduire,* pourvu que nous ne nous bornions pas à l'ex-
térieur, à la partie matérielle de ces exercices, comme
faisaient les Pharisiens, si vivement réprimandés par
Notre-Seigneur.

La lettre tue, c'est l'esprit qui vivifie ; *littera occidit,
spiritus autem vivificat.* (II Cor., III, 6.)

On voit quelquefois des familles tout-à-fait étrangères
à la piété, et qui sont admirables par le dévoûment et par
la cordialité de tous les membres qui la composent.—Et

malheureusement il n'est pas rare de trouver des maisons pieuses où tout est sec et peu agréable dans les rapports réciproques et jusque dans le ton habituel de la conversation.

Combien de personnes font tous les jours leur oraison, leurs examens, leurs lectures pieuses ; assistent à la messe ; se confessent et communient souvent ; sont membres des confréries du Sacré-Cœur, du Saint-Sacrement, de la Sainte-Vierge, du Saint-Rosaire, de Sainte-Geneviève, des Mères chrétiennes, de la Communion réparatrice, etc., etc. ; combien portent sur leur poitrine les trois scapulaires, un crucifix, la médaille miraculeuse, etc., et cependant restent toujours fort imparfaites ; immortifiées pour elles-mêmes et mortifiantes pour les autres, sensuelles, médisantes, orgueilleuses, hautaines, vaines, — ou bien moqueuses, méchantes, semant partout la discorde, susceptibles, exigeantes, maussades, d'un caractère détestable, soupçonneuses, jalouses, rancunières, haineuses, même sans cause ; — ou bien petites, étroites jusque dans ce qu'elles appellent leurs bonnes œuvres, tenant fortement à leur argent, et sonnant de la trompette, quand, par hasard, elles se sont trouvées dans la nécessité de faire sortir de leur bourse une petite pièce de monnaie, etc., etc.   .

Chacun sait que Louis XI portait à son chapeau une médaille de la Sainte Vierge ; il prêtait serment sur les reliques des saints, etc. ; ce qui ne l'empêchait pas d'être un fort mauvais voisin, de trahir habituellement sa foi et de faire assassiner les princes qui gênaient ses desseins.

« Redoutons, dit l'évêque d'Hébron, d'avoir une religion de surface, une piété formaliste, un christianisme de superficie, que l'on prend comme un vêtement, » mais qui n'a qu'une médiocre influence sur notre intérieur et sur nos mœurs.

Servons le Seigneur en esprit et en vérité, *in spiritu et veritate ;* et que notre dévotion, comme celle de madame de Bussières, ait pour compagnes habituelles et inséparables l'humilité, la mortification, le travail de notre caractère et la charité ! En un mot, donnons-nous la peine d'être aimables et rendons heureux tous ceux avec qui le Seigneur nous a appelés à vivre.

CHAPITRE NEUVIÈME

Quelques vertus particulières pratiquées par Mme de Bussières.

I. Vie retirée et occupée. — II. Son humilité. — III. Elle pratique les petites vertus.

I

Saint Paul a dit que la veuve qui recherche trop les plaisirs, les distractions du monde, et se console de la perte de son mari par une vie dissipée et frivole, est morte aux yeux de la religion, quoiqu'elle paraisse vivante : *vivens mortua est.* Madame de Bussières ne tomba pas dans ce défaut. — Après la mort de son mari, elle suivit son attrait bien prononcé pour la vie retirée et recueillie. Les convenances mêmes le demandaient dans une certaine mesure; mais elle alla plus loin. Pendant les treize années qu'elle lui survécut, il n'y eut plus chez elle aucune soirée tant soit peu mondaine. Les réunions qui avaient lieu dans ses salons à de rares intervalles, et qui ne se composaient que des personnes amies de sa maison, étaient toujours marquées au coin de la modestie et d'une simplicité toute chrétienne.

Bien instruite de ce qui se passe ordinairement dans le monde où l'on trouve plus de désagréments que d'agréments, *mundi gaudia imbuta felle deputans* (hymne du bréviaire romain), elle se bornait aux visites exigées par la nécessité ou la politesse.

Il règne dans les rapports que l'on a avec la société une fausseté révoltante ; on se fait en face mille compliments, et, dans le fond du cœur, on se méprise les uns les autres ; à peine est-on sorti d'une maison où l'on a fait une visite, que l'on déchire à belles dents les personnes que l'on y a rencontrées ; on tourne en ridicule leurs manières, on s'efforce de leur trouver des défauts ; on ne leur reconnaît aucun esprit et on les qualifie en conséquence : elles ont des habitudes rebutantes ; on nie leurs bonnes qualités : on ne voit en elles ni beauté, ni bonté, ni grâce, ni amabilité, ni science ; on a surfait, ajoute-t-on, leur prétendu mérite ; leur réputation est usurpée, etc.

Voilà le monde que fuyait madame de Bussières pour se concentrer dans sa famille, et dans un cercle restreint de personnes amies et franchement chrétiennes.

Saint Paul recommande encore aux veuves de ne pas devenir fainéantes et de ne pas s'accoutumer à perdre leur temps, à courir de maison en maison ; il veut qu'elles ne soient pas curieuses, cherchant à savoir ce qui se fait ou ne se fait pas dans les localités qu'elles habitent ; bavardes et indiscrètes dans leurs discours, parlant de choses qui ne les regardent pas et dont elles ne devraient pas parler. — Madame de Bussières ne perdait jamais son temps et ne restait pas un moment oisive ; elle avait une espèce d'effroi pour la vie paresseuse et inutile. Même pendant les visites qu'elle recevait, ou pendant les soirées, elle continuait à travailler. Son genre de travail était en harmonie avec les aspirations de son cœur : c'étaient dés linges et des vêtements pour les pauvres, ou bien des objets nécessaires au service des autels, des aubes, des amicts, des corporaux, des manuterges, des pavillons pour le saint ciboire, des conopées pour le tabernacle, des voiles, des palles, des fleurs, etc., etc.— Elle travaillait aussi pour les besoins de sa maison ou pour pouvoir offrir à ses enfants ou à ses amies quelque ouvrage sorti de ses mains.

C'est bien là aussi la pensée d'un de nos grands évêques :

« N'ayez pas, a-t-il dit aux dames dans une retraite, n'ayez pas la sotte vanité de ne pas vouloir travailler pour vos enfants, et de payer pour cela des étrangers. Payez-vous vous-mêmes la joie de faire quelque chose pour eux; osez également travailler pour vos maris, et faites-vous-en un honneur et un bonheur. »

II

La piété de madame de Bussières avait pour base solide une profonde humilité. Elle croyait sincèrement qu'elle n'était pas capable de grand'chose. Bien des fois, avec une simplicité d'enfant, elle disait aux personnes qui étaient dans son intimité : « Je fais généralement bien mal tout ce que je fais. » Cependant, pleine de confiance en la bonté de Dieu, elle ajoutait : « Mais le Seigneur est témoin de mon intention; il me tiendra compte de ma bonne volonté, je l'espère. »

Dans presque toutes les lettres qu'elle écrivait aux personnes pieuses de ses amies, elle recommandait toujours

de demander à Dieu pour elle la persévérance finale.
« C'est là l'essentiel, disait-elle, le reste m'importe peu. »

Ce sentiment habituel d'humilité paraissait surtout chez madame de Bussières au moment où elle allait se présenter à la Table sainte. Une personne étrangère la voyant se frapper fortement la poitrine en récitant le *Domine, non sum dignus,* ne put s'empêcher de dire en elle-même : « Voilà sans doute une grande sainte ou une grande pécheresse. »

Une conséquence naturelle de son humilité était une grande défiance d'elle-même. En tout ce qui concerne le salut, elle était bien éloignée de croire à sa propre infaillibilité, et elle se gardait bien de rien décider d'important sans avoir pris conseil.

Les personnes présomptueuses, au contraire, ne doutent jamais d'elles-mêmes, n'éprouvent pas le besoin de demander des avis, reçoivent mal ceux qu'on essaye de leur donner, et par là mettent un obstacle insurmontable à leur perfectionnement. Hélas ! il est si facile de tomber dans l'illusion, de prendre ses caprices pour des nécessités, d'opposer, aux prescriptions de Dieu et de l'Église, de prétendues raisons de la valeur desquelles on se constitue bien à tort seul juge compétent ! Dieu ne veut pas que l'on s'en rapporte toujours à soi-même, et c'est déjà donner une preuve de sagesse et de bon sens que d'être disposé à écouter les conseils ; *qui autem sapiens est, audit consilia. (Prov.* XII, 15.)

III

L'humilité aussi sincère que profonde chez madame de Bussières, fut la source de beaucop d'autres perfections appelées *petites vertus.* « Devant Dieu , ces vertus (1) ont une grande valeur, parce qu'elles exigent une série presque continue d'actes de courage d'autant plus méritoires qu'ils sont moins apercus ou moins appréciés des hommes. L'affabilité, la condescendance, la prévenance, la compassion, la mansuétude, l'aménité, la pratique constante du support mutuel, la patience, le soin à observer la politesse par le motif pur de la charité chrétienne, voilà quelques-unes de ces délicieuses petites vertus, lesquelles ont nécessairement pour point de départ *l'humilité,* comme elles ont pour terme *la charité.* »

---

(1) On lira avec fruit : *Petit Traité des petites vertus,* par le P. Roberti , in-32 , et *les Petites Vertus,* par l'abbé Ozanam , in-18.

Madame de Bussières les a constamment pratiquées envers tout le monde. On n'a jamais remarqué en elle cette morgue déplacée, cette attitude fière, hautaine, ces dédains, ces airs, ces prétentions qu'affectent quelquefois les favoris de la fortune, et qui s'accordent si mal avec la pratique de la *vraie* piété.

Chez madame de Bussières, jamais un manque d'égards, jamais une parole désagréable, pas d'attache trop forte à son sentiment, pas d'entêtement au milieu des diversités d'opinions qui se manifestent dans les conversations, rien qui témoignât de la répugnance pour telle ou telle personne. Elle savait supporter les déplaisants et les importuns sans faire paraître l'ennui qu'ils lui causaient. Elle faisait semblant de ne pas s'apercevoir des fautes ou des défauts du prochain, ne causait jamais de confusion à personne, s'accommodait au caractère des autres et ne cherchait pas à plier les autres à son propre caractère. Elle agissait ainsi par des vues de foi, et pour mettre en pratique cette parole de l'Écriture : ne faites pas aux autres ce que vous ne voudriez pas qu'on vous fît ; en toutes choses traitez les autres comme vous voulez qu'on vous traite vous-même ; *omnia ergo quæcumque vultis ut faciant vobis homines et vos facite illis. (Matt.* vii, 12.)

Mais ce que madame de Bussières évitait avant tout,

c'était la critique et la médisance. Elle regardait ces défauts avec raison comme incompatibles avec l'amour que
nous sommes obligés d'avoir pour le prochain (1).

Chacun sait le tort que font à la religion certaines femmes réputées pieuses, qui sont si promptes à tourner en
ridicule les absents, à leur prêter des intentions qu'ils
n'ont pas, à dénaturer leurs paroles ; à accueillir indis-
tinctement les bruits malveillants d'une ville, à propager
indiscrètement des nouvelles suspectes et nuisibles à autrui.

Jamais on n'a entendu sortir de la bouche de madame
de Bussières une parole de blâme contre quelqu'un ;
jamais on ne l'a entendue médire. La méditation de quelques sentences de l'Écriture sainte lui avait inspiré pour
la médisance une véritable horreur.

Celui qui médit en secret est comme *un serpent* qui
mord sans faire de bruit (2). — Le *venin de l'aspic* est

---

(1) Diliges Dominum Deum tuum ex toto corde tuo, ex tota anima
tua et ex tota mente tua. Hoc est maximum et primum mandatum.
Secundum autem simile est huic : diliges proximum tuum sicut te
ipsum. In his duobus mandatis universa lex pendet et prophetæ.
(Matt., XXII, 37-40.) — Caritas patiens est, benigna est, non cogitat
mala, omnia suffert, omnia sustinet. (I Cor., XIII, 4-7.)

(2) Si mordeat serpens in silentio, nihilominus habet qui occulte
detrahit. (*Eccl.*, XII.)

sur ses lèvres (1). — Celui qui médit en secret et l'homme à deux langues est maudit (2). — Environnez vos oreilles d'une haie d'épines, n'écoutez pas les mauvaises langues, mettez à votre bouche une porte et des verroux (3). — Le médisant et celui qui l'écoute, dit saint Bernard, portent le démon dans leur cœur (4).

Sans doute elle n'approuvait pas en elle-même ce qu'elle apercevait dans le prochain de contraire à la loi de Dieu, mais elle n'avait pas coutume d'engager ou de laisser continuer une conversation sur les travers ou les fautes connues des autres ; et ordinairement, ou bien elle s'y prenait adroitement pour amener un autre sujet où Dieu ne serait pas offensé, ou bien elle cherchait à diminuer la gravité des fautes et plaidait fort bien les circonstances atténuantes.

Chez elle la réputation de l'absent était protégée avec autant de sollicitude que s'il se fût agi de défendre sa propre cause ou celle des siens.

Il est fort dangereux de fréquenter les personnes mé-

---

(1) Venenum aspidum sub labiis eorum. (*Ps.*, 139-4.)

(2) Susurro, et bilinguis maledictus. (*Eccli.*, 28-15.)

(3) Sepi aures tuas spinis et linguam nequam noli audire, et ori tuo facito ostia et seras. (*Eccli.*, 28-27.)

(4) Detractor et libens auditor uterque diabolum portat. (S. Bern.)

disantes ou critiques; peu à peu et presque sans s'en apercevoir, on risque de contracter l'habitude de les imiter. Un effet contraire a lieu naturellement dans la compagnie de ceux qui regardent comme une obligation de conscience de veiller sur leur langue, afin de ne jamais blesser la charité.

L'exemple de madame de Bussières avait si bien discipliné les personnes qui fréquentaient sa maison, que toutes veillaient sur elles-mêmes pour ne rien laisser échapper qui pût lui faire de la peine; et, grâce à sa présence, plus d'une pensée malicieuse était étouffée dans son germe et n'arrivait pas à terme.

Autant madame de Bussières éprouvait de malaise devant une personne médisante, autant elle se sentait de répugnance pour quiconque aurait voulu la flatter elle-même. Comme elle ne faisait ses actions qu'en vue de Dieu seul, elle n'acceptait pas facilement les louanges des hommes. Quelquefois elle recevait des lettres où on la qualifiait de baronne ou de comtesse. Dès qu'elle apercevait ce titre nobiliaire sur l'adresse : « Voilà, disait-elle en souriant, quelqu'un qui a besoin d'argent ; » et elle ne se trompait pas. Cette flatterie aurait pu nuire à la requête, si son cœur eût pu une seule fois être insensible à l'infortune.

Son caractère était plein de simplicité et de franchise. Elle aimait la vérité pour elle-même et pour les autres ; et si elle se croyait obligée. de la dire à quelqu'un, elle le faisait sans détour, mais avec des expressions qui en adoucissaient l'amertume. — Quand on la quittait, on savait toujours à quoi s'en tenir sur son propre compte ou sur l'affaire dont on l'avait entretenue. Chez elle, jamais de paroles évasives, jamais d'eau bénite de cour, mais la vérité et rien que la vérité : *est, est, non, non,* (cela est, cela n'est pas), selon la recommandation de notre Sauveur.

Cet amour de la vérité et cette inclination à la bienveillance, à l'égard de tout le monde, la garantissait contre cet esprit de *caprice* et d'inconstance si commun dans les relations du monde, où l'on voit succéder sans motif à une chaude et démonstrative amitié une froideur de glace ; à des visites ou des lettres fréquentes une cessation presque totale de rapports. Chez madame de Bussières, l'affection quelle témoignait à certaines amies vertueuses et bien choisies était sincère et constante.

« Les amitiés sérieuses, dit un auteur, n'existent guère entre femmes. Généralement elles sont jalouses les unes des autres ; et si elles se donnent entre elles des marques extérieures d'attachement, ce ne sont la plupart du temps que des formules banales de politesse. »

Madame de Bussières , au contraire , donnait en temps et lieu des preuves non équivoques de sa tendre affection pour ses amies. Elle les attirait dans sa maison , soit à Soissons , soit à Arcis , par des invitations bien cordiales et souvent réitérées. Elle les visitait dans leur chambre , examinait si rien ne leur manquait et les priait de lui indiquer avec une entière franchise et simplicité quelles étaient les choses qu'elles désiraient. Tout en leur laissant dans sa maison entière liberté d'action , elle s'ingéniait pour que leur séjour chez elle ne leur causât que de l'agrément.

On l'a vue jusque dans les dernières années de sa vieillesse se prêter, par exemple, à faire des parties de cartes, de billard et même de volant, parce qu'elle avait remarqué que quelques-uns de ses hôtes aimaient ces jeux ; elle permettait de jouer au trictrac à côté d'elle , quoique le bruit des dés lui causât des maux de tête , persuadée qu'elle était que ces actes de complaisance , peu importants en eux-mêmes , étaient agréables à Notre-Seigneur Jésus-Christ, qu'elle tenait par-dessus tout à satisfaire jusque dans les moindres choses.

Bien différente de ces personnes prodigues de promesses dont ne voit jamais les effets, elle n'aimait pas à prendre d'engagement à l'avance, s'abstenait de paroles vaines ; mais lorsqu'une occasion favorable se présentait, elle donnait spontanément avec autant de grâce que d'intelligence ce à quoi on ne s'attendait pas, et savait faire accepter des présents agréables et utiles.

Un des domestiques de son château venait d'être nommé officier des pompiers du pays. Aussitôt elle l'appelle et lui remet une somme assez ronde en disant : « Voilà pour votre équipement. »

Un jour, un jeune homme partait pour Reims, où il avait quelques acquisitions à faire. Elle lui donne commission de lui acheter pour elle-même un objet qui ne coûtait que dix centimes, lui ajoutant qu'elle tenait à lui payer ces dix centimes et qu'il les trouverait dans le petit sac qu'elle lui remettait. Arrivé à Reims, le jeune homme est agréablement surpris en trouvant, au lieu de dix centimes, deux pièces de vingt francs, somme qui représentait l'emplète que lui-même avait dessein de faire.

A un prêtre, qu'elle savait être dans une certaine gêne, elle demanda un jour cinq messes. Dans le papier qui renfermait l'honoraire, le prêtre trouva cinq pièces de vingt francs, au lieu de cinq francs.

Une de ses amies disait naïvement devant elle : « J'achèterais bien un piano, si j'avais trois cents francs de trop. — Je vous les donne , reprit sur-le-champ madame de Bussières , ce sera mon cadeau de noces. »

Tant madame de Bussières avait un bon cœur et savait dans l'occasion agir avec délicatesse et générosité.

CHAPITRE DIXIÈME

Saint Paul impose aux veuves un troisième devoir : il veut qu'elles apprennent à régler et diriger leur maison avec prudence, sagesse et intelligence, pour transmettre cette connaissance à leurs enfants ; *discat primum domum suam regere.*

Le monde applaudira à ce précepte ; car il est le premier à blâmer les veuves négligentes, apathiques, sans ordre, sans économie, sans prévoyance, entre les mains desquelles dépérit le patrimoine dont le dépôt leur a été confié.

Chacun sait quel ordre régnait dans la maison de madame de Bussières. Tout y était réglé comme dans la communauté la plus régulière. Depuis le lever jusqu'au coucher, chaque chose se faisait en son temps et chaque heure avait ses occupations déterminées. Les repas se prenaient à des heures fixes et qui ne variaient pas. La maîtresse de la maison ne se faisait jamais attendre.

Le matin on venait lui demander qu'elle déterminât le menu du déjeûner et du dîner. Elle prescrivait les achats à faire au marché ; les contrôlait quand on les avait faits et en surveillait l'emploi. Douée d'une grande activité, elle avait l'œil à tout.—- C'était précisément ce que prescrivait aux maîtres le sage et estimable abbé Fleury, dans l'excellent ouvrage qu'il a composé sur cette matière :

« Le maître, dit-il, doit être exact à faire rendre compte à ses domestiques.

« Je sais que cet examen d'affaires n'est pas agréable, mais c'est le travail des riches. Ils se trompent s'ils se croient dispensés de la pénitence d'Adam. Ils sont obligés, comme les autres hommes, « à manger leur pain à la sueur de leur visage. » Ils sont sujets à la règle de l'Apôtre : « que si quelqu'un ne veut « point travailler, il ne doit point manger. » S'ils ne labourent pas la terre et ne travaillent pas de leurs mains, ils sont chargés d'un grand nombre d'affaires, souvent plus incommodes que le travail du corps ; ils doivent conserver leur bien, pourvoir à la subsistance de leur maison, à l'éducation et à l'établissement de leurs enfants, *payer leurs dettes au plus tôt*, retirer ce qui leur est dû. Pour cela il faut lire beaucoup de lettres ; faire des réponses, donner des ordres, examiner des comptes, visiter les terres et les bâtiments, faire des voyages, etc. Nous avons ici cet avantage que la vertu chrétienne s'accorde parfaitement avec l'intérêt temporel. Il n'y a qu'à changer les motifs, prendre en esprit de pénitence la peine que des païens ne prendraient que comme une nécessité fâcheuse, et vous appliquer à rendre vos domestiques fidèles et soigneux, moins pour votre intérêt que pour leur véritable avantage, qui est d'être gens de bien. »

« Où il y a plusieurs mains, dit le sage, tenez tout fermé; pesez et comptez tout ce que vous délivrez, et écrivez la recette et la dépense. » (*Prov.*, XIII.)

Madame de Bussières n'aurait sans doute pas été capable de tenir ses livres en partie double, science économique qu'on n'enseignait pas aux jeunes personnes, il y a cinquante ans; mais elle inscrivait très-régulièrement chaque jour toutes ses recettes et toutes ses dépenses. Ses comptes étaient toujours exacts, parce que, en les rédigeant, elle y apportait toute son attention.—A toutes les lettres qu'on lui adressait, elle répondait le jour même où elle les avait reçues. « Agir autrement, disait-elle, c'est paresse, ou impolitesse, ou indifférence, trois défauts dans lesquels il est mieux d'éviter de tomber. »

Certaines personnes riches ont l'habitude, ou plutôt la manie injustifiable, de ne pas se presser de payer les marchands ou les ouvriers, et même de les faire attendre des mois entiers. Elles ne font pas attention qu'elles leur causent, par ce retard, un préjudice notable, soit en leur

faisant perdre l'intérêt de leur argent, soit en les empê-
chant d'obtenir les remises qui sont, d'ordinaire, accordées au comptant. Madame de Bussières connaissait trop
bien les exigences du commerce et les principes de la
justice pour commettre cette faute. Aussitôt que des
commandes lui avaient été livrées ou qu'un travail était
terminé, elle demandait la note de ce qu'elle devait et
s'acquittait immédiatement. Quant aux fournisseurs ordinaires, elle réglait avec eux le premier jour de chaque
mois.

Quoique madame de Bussières fût en possession d'une
assez belle fortune, elle mettait une grande économie
dans l'administration de sa maison, et faisait en sorte que
rien ne fût perdu. « Les choses gâchées, disait-elle, ne
profitent à personne. »

Ennemie de tout luxe, elle conserva toujours le premier
ameublement qu'elle avait acheté à l'époque de son mariage, et ne trouva jamais dans les variations de la mode
un motif suffisant de le remplacer, ou même de le modifier.

Chaque année elle allait à la campagne surveiller la
rentrée de ses récoltes et présider à la vendange. Elle
visitait ses bois et ordonnait, en temps opportun, les cou-
pes et les aménagements nécessaires.

Son père, M. de Pouilly, n'avait pas mis son plaisir à recueillir et à cultiver des arbres ou des plantes exotiques qu'il eût fallu payer fort cher et qui n'eussent produit rien de bien avantageux ; il avait toujours préféré une culture intelligente de sa propriété tout entière dont il disait : « C'est là mon jardin anglais, je n'en ai pas besoin d'autre. » Madame de Bussières admirait les grands propriétaires aisés qui, en vue du progrès des sciences naturelles et de l'horticulture, réunissaient dans leurs serres et leurs jardins les produits des deux mondes ; mais en même temps, à l'imitation de son père, elle s'en tenait à son goût particulier pour la simplicité, et ne donnait pas entrée dans ses jardins à tout ce qui sentait le luxe ou la fantaisie.

Désirant perpétuer chez ses descendants la possession du beau domaine d'Arcis-le-Ponsart et leur ôter la pensée de le mettre jamais en vente ou de l'échanger contre un autre domaine, elle y entreprit, dans ses dernières années, des travaux considérables ; y fit de nouvelles constructions ; remit à neuf une partie de l'intérieur des appartements qu'elle disposa d'une manière plus commode ; rebâtit une portion des écuries et des granges de la ferme qui est contiguë au château. Tous ces travaux elle les dirigea elle-même avec une activité au-dessus de ses forces et de son âge. Jamais elle ne redouta la fatigue, dès qu'elle avait un devoir à remplir.

Madame de Bussières avait retenu de ses lectures un mot de Plutarque : l'Auteur de la nature a gratifié l'homme de deux oreilles, mais il ne lui a donné qu'une seule langue, indiquant par là qu'il faut beaucoup plus écouter que parler.

Dans les questions d'intérêt, elle parlait peu et écoutait beaucoup, surtout depuis qu'elle avait été obligée de prendre en main l'administration entière de sa maison et de ses biens. On lui rendait compte du travail des ouvriers employés au château, mais elle ne portait son jugement qu'après avoir examiné sérieusement les faits par elle-même. Elle faisait causer les gens qui avaient eu la confiance de son mari ; elle interrogeait ceux de ses parents qui avaient l'expérience des affaires, elle leur soumettait ses doutes ; elle apprenait en écoutant, réfléchissait beaucoup et se formait ainsi des règles sûres de conduite sur des choses auxquelles elle était restée longtemps étrangère. Par la sage réserve qu'elle s'était imposée, elle évita de compromettre son autorité et conserva son influence sur ses subordonnés, parce qu'on savait qu'elle ne parlait jamais qu'à bon escient et avec pleine connaissance de cause.

CHAPITRE ONZIÈME

Sa conduite à l'égard des domestiques et des ouvriers. — Principes
de l'abbé Fleury sur les domestiques. — Traits de générosité du
père de Mme de Bussières.

Dans la direction et l'administration de toute maison,
il est un point qui d'ordinaire se trouve, aujourd'hui surtout, hérissé de mille difficultés : c'est le choix et la
direction des domestiques, sous le double rapport temporel et spirituel. Saint Paul juge très-sévèrement les
veuves qui se rendent coupables de négligence à cet
égard (1).

La conduite à tenir à l'égard des domestiques a ses
règles et ses principes. Attendu l'importance et la diffi-

______

(1) Si quis autem suorum et maxime domesticorum curam non
habet, fidem negavit et est infideli deterior. (1re *épître à Timothée*.)

culté de cette question, nous réunissons d'abord ici les principales maximes données sur ce sujet par le sage abbé Fleury et par quelques autres moralistes. Il sera plus facile ensuite d'en faire l'application à madame de Bussières.

1. La principale qualité d'un maître est d'avoir la main ferme pour contenir chacun de ses domestiques dans les bornes de ses fonctions.

2. Comme l'on n'aime pas les domestiques qui changent souvent de maîtres, aussi les maîtres se décrient quand ils changent souvent de domestiques, et ces changements dérangent le bon ordre d'une maison.

3. On doit procurer aux domestiques l'instruction religieuse et les moyens d'accomplir les commandements de Dieu et de l'Église ; veiller à la conservation de leurs mœurs et prendre garde de ne pas les exposer aux tentations ; veiller à ce que l'esprit et l'habitude de la critique et de la médisance ne s'introduisent pas dans la maison.

4. Leur donner une nourriture bonne et abondante, *mais sans aucune délicatesse ;* le tout selon leurs besoins, la nature du travail ou des emplois auxquels ils sont assujétis, et aussi selon les usages généralement reçus dans le pays. Il ne faut pas attendre qu'ils se plaignent pour savoir s'ils sont bien nourris. La femme forte, dit la sainte Écriture, se lève avant le jour pour distribuer la nourriture à ses domestiques.

5. Leurs gages peuvent être déterminés par les usages du pays, et en les comparant avec ceux des autres domestiques qui se trouvent dans des positions analogues. Il y a sur ce point, comme pour les marchandises et les locations quelconques, un cours auquel, en une certaine mesure, il est juste de

se conformer. D'ailleurs il n'est pas convenable de faire acheter trop cher aux domestiques l'honneur de nous servir.

6. Ne pas leur faire attendre le paiement de leurs gages au-delà des termes convenus. — Ne prendre jamais de domestiques que l'on ne puisse entretenir et récompenser honnêtement. Craindre ce terrible péché de retenir le loyer des mercenaires, l'un des quatre qui crient vengeance devant Dieu.

7. Quand les domestiques auront donné des preuves constantes de leur probité, de leur moralité, de leur savoir-faire, et de leur dévouement pour les intérêts de la maison et pour la personne de leurs maîtres, les regarder comme faisant partie d'une famille secondaire et d'un rang inférieur, et les traiter en conséquence.

8. Les encourager de temps en temps par quelques gratifications faites à propos, et par quelques délassements ou récréations, selon que les circonstances peuvent le permettre.

9. Déterminer bien clairement tout l'ensemble et le détail de leur service, en surveiller l'exécution, sans leur être à charge par une trop grande exigence ou par des prescriptions trop minutieuses. — Quoiqu'il faille veiller sur les domestiques, il ne faut pas prendre garde aux petites fautes ni les épier de trop près.

10. Être pour les domestiques bon sans familiarité, doux sans faiblesse, et ferme sans trop de sévérité. Les réprimander sans dureté et sans trop les humilier.

11. Si chacun est en quelque sorte responsable du salut de son prochain, à plus forte raison l'est-on de celui de ses domestiques. En conséquence, ne leur donner que de bons exemples en tout genre.

12. Penser de temps en temps que les domestiques sont nos frères, descendants du même père, rachetés comme nous du sang de Jésus-Christ et destinés à être un jour avec nous dans le ciel.

Telles étaient les maximes générales d'après lesquelles madame de Bussières tâchait de diriger sa conduite à l'égard de ses propres domestiques. Si elle n'est pas toujours arrivée à mettre en pratique toutes ces règles sans exception, du moins elle en a constamment observé la plus grande partie et dans les points les plus essentiels.

Un fait ou plutôt une série de faits montrent jusqu'à l'évidence quels excellents rapports étaient établis entre elle et tous ceux qui ont été appelés à servir dans sa maison.

Les domestiques étaient pour elle comme une seconde famille, et ils le savaient bien. Aussi on n'en changeait jamais.

Au moment de la mort de cette respectable dame, son cocher était à son service depuis quarante-trois ans ; sa femme de chambre, depuis trente-sept ans. Ses vignerons se sont succédé de père en fils jusqu'à la troisième génération. Il en est de même de ses jardiniers. On a connu un serviteur qui, au bout de vingt-cinq ans, a quitté le service de madame de Bussières ; mais c'était pour se marier, et ce fut avec bien de la peine qu'il se détermina à sortir d'une maison où il se trouvait si bien.

Madame de Bussières n'abandonnait pas ses domestiques pendant leurs maladies. Sa cuisinière ayant été atteinte d'un mal qui demandait les soins de médecins spéciaux et habiles, on la plaça dans une maison de santé de Paris ; et pendant les trois mois qu'elle dut y rester pour attendre son entière guérison, sa bonne et généreuse maîtresse se chargea de toute la dépense.

De ces particularités et de beaucoup d'autres qu'il nous serait facile de faire connaître, nous pouvons conclure que si madame de Bussières n'avait pas eu la plus grande partie des qualités que Fleury demande des maîtres et des maîtresses de maison, ses domestiques ne seraient certainement pas restés auprès d'elle un si grand nombre d'années.

Cette longue durée de services, si rare de nos jours, s'explique par le caractère personnel et par l'esprit chrétien qui animait madame de Bussières dans toutes ses actions et dans ses relations avec ses inférieurs.

Chez elle jamais de mots aigres, de mouvements nerveux, d'impatiences ; pas de visage enflammé par une colère concentrée ; jamais de mauvais compliments sur la lenteur de ses domestiques, sur leur maladresse, sur leur défaut d'éducation ; jamais de railleries piquantes, pas de moqueries ou de qualifications humiliantes, pas de brusqueries, pas d'accès de mauvaise humeur, pas de reproches sans cesse répétés et ressassés ; pas d'air sec et dédaigneux, pas de ton impérieux en donnant des ordres, etc., etc.

Au contraire, quand madame de Bussières avait quelques observations à faire à ses gens, c'était toujours avec calme et avec un ton plein de douceur, plutôt sous forme de recommandation que par manière de commandement. Elle exprimait ses volontés en quelques mots courts et si clairs qu'on ne l'obligait jamais à répéter un ordre une fois donné. On se conformait toujours sans répliquer à ce qu'elle désirait. En un mot, les domestiques avaient pour leur bonne maîtresse du respect et de l'attachement, et madame de Bussières, de son côté, leur portait beaucoup d'intérêt et avait pour eux de l'affection. Aussi, quand l'heure suprême sera arrivée, on trouvera écrites de sa main des dispositions *sous forme d'indications,* qui assureront à ses vieux et fidèles serviteurs une rémunération convenable de leurs longs et loyaux services.

Quelqu'un, faisant allusion à ces dernières dispositions, disait à son valet de chambre : « Vous devez être content, madame de Bussières vous a laissé un souvenir. »

« J'aimerais mieux, répondit-il sur-le-champ, ne pas avoir cet argent et que madame fût encore vivante. Le meilleur souvenir que j'aurai de ses bontés, ce sont les excellents conseils qu'elle n'a cessé de me donner. »

La noble et généreuse conduite de madame de Bussières à l'égard de ses domestiques, n'était, du reste, que la continuation des traditions constantes de sa famille, et surtout des exemples récents que lui avait donnés son vénérable père.

Ce que nous allons en rapporter édifiera le lecteur, ajoutera une nouvelle auréole à la mémoire de ce respectable vieillard, et ne sera pas déplacé dans une notice consacrée à sa fille.

M. de Pouilly n'était pas de ces esprits étroits qui sont mesquins jusque dans leurs générosités, ne savent rien faire qu'à demi, lorsque l'idée leur vient d'être agréables à quelqu'un ; ils mettent toujours des restrictions dans les services qu'ils rendent, ou bien ne les rendent qu'à force d'être sollicités. Chez M. de Pouilly, au contraire, tout était grand et noble ; la spontanéité de ses actes de générosité en doublait le mérite aux yeux de ceux qui en étaient l'objet.

Si parmi les domestiques de la maison il s'en trouvait qui ne sussent pas lire ou écrire, M. de Pouilly se faisait pour ainsi dire leur instituteur.

Il leur réservait environ une heure dans la soirée pour les exercer lui-même à lire, à écrire et à compter. Il poussa même, une certaine année, le zèle et la générosité jusqu'à payer pendant plusieurs mois un maître d'écriture, afin qu'ils reçussent des leçons régulières.

C'était chez lui une habitude de leur donner à discrétion papier, plumes et encre, pour qu'ils pussent employer leur temps dans les longues soirées d'hiver.

Si un domestique tombait malade et était forcé de garder quelque temps la chambre, M. de Pouilly allait le visiter fréquemment, et passait quelquefois un temps assez considérable à causer avec lui, à le consoler et à lui donner de bons conseils.

Les ouvriers et les domestiques aimaient beaucoup M. de Pouilly. Il allait les voir travailler, et souvent il leur disait : « Reposez-vous un peu, ce que vous faites là est bien fatiguant. »

Parfois il se plaisait à leur faire d'agréables surprises. Un jour, les domestiques étaient attablés dans la cuisine pour prendre leur repas. Quelle ne fut pas leur joie en trouvant, chacun sous son assiette, une pièce de cinq francs ! Cette surprise se répéta plus d'une fois.

« Quelle heure est-il ? demanda-t-il un jour à un ouvrier. — Je ne sais pas, monsieur, je n'ai pas de montre. — Eh bien, en voilà une, » dit M. de Pouilly. Il la tira de son gousset et la remit à l'ouvrier qu'il voulait récompenser.

A un autre : « La récolte est bonne cette année ; envoyez un tonneau, on vous l'emplira. »

D'autres fois, apercevant sur la route des malheureux qui cheminaient péniblement derrière lui, il laissait tomber exprès quelques pièces de monnaie, dans l'intention qu'elles fussent trouvées et ramassées par eux.

« Prêtez-moi vos ciseaux, dit-il à une ouvrière qui n'en avait que de fort mauvais. — Quels pauvres outils vous avez là ! » Et sur-le-champ M. de Pouilly va lui en chercher une autre paire toute neuve et en parfait état.

A un employé qu'il traitait avec plus de familiarité : « Vous êtes plus grand et plus fort que moi. — Oh ! non, monsieur, nous sommes à peu près de la même force.— Je suis certain que vous ne pourriez pas mettre l'habit qne mon tailleur vient de me rapporter. » Et de suite il fait essayer l'habit à l'employé. « Mais, reprend M. de Pouilly, cet habit vous va à merveille : gardez-le pour vous. »

Certain fermier se trouvant dans la gêne laissait toujours ses fermages en arrière. Touché de compassion, non seulement M. de Pouilly lui fit plus d'une fois une forte remise sur la somme qui lui était due, mais de plus il donna ordre qu'on coupât sur sa propriété des bois de charpente pour contribuer à lui construire une maison.

Un jour qu'il avait rapporté de Soissons un fusil neuf, il le remèt à son garde en lui disant : « Voyez s'il est bon et s'il tue bien le gibier. » Bientôt après, le garde rapporte deux lièvres tués par lui avec le fusil neuf. « Puisque l'instrument est bon, dit M. de Pouilly, conservez-le pour vous, je vous le donne. »

Il est une manière plus délicate encore de se montrer généreux sans que l'amour-propre des personnes qu'on oblige puisse en être blessé. M. de Pouilly ne manquait pas de l'employer dans l'occasion. Quelqu'un se trouvait-il ou habituellement ou momentanément dans la gêne, causée par une longue maladie, ou par suite d'une nombreuse famille, ou de vieux parents à soutenir, ou par un accident quelconque, M. de Pouilly s'ingéniait pour le tirer d'embarras. Si c'était un ouvrier, un marchand, etc., sans en avoir besoin, il lui faisait une commande, tâchant de lui donner à gagner ; et, quand l'ouvrage était terminé ou la marchandise livrée, il ne disputait pas sur le prix. S'il s'agissait d'un homme ayant une profession libérale, il feignait d'avoir recours à ses talents, à sa science, à son expérience, et de larges honoraires ou quelques cadeaux utiles récompensaient les bons conseils qui lui avaient été donnés.

De pareils traits laissent naturellement dans le cœur et

la mémoire des enfants et de leurs descendants une impression profonde qui ne peut manquer de produire ses fruits.

> Tel donne à pleines mains qui n'oblige personne ;
> La façon de donner vaut mieux que ce qu'on donne.
> CORNEILLE.

La libéralité, dit La Bruyère, consiste moins à donner beaucoup qu'à donner à propos.

Voici un fait qui rappelle un peu le célèbre testament d'Eudamidas.

Il y avait à Soissons un homme fort recommandable, ancien émigré, dont la nation avait confisqué les biens : c'était M. le chevalier Dubarail. Ses ressources pour vivre étaient singulièrement restreintes. M. de Pouilly et plusieurs autres personnes de la société l'invitaient souvent à dîner, moyen excellent de lui venir en aide sans lui causer aucune humiliation. Malgré sa vie régulière et la plus stricte économie, M. Dubarail avait contracté quelques dettes. Avant de mourir, il écrivit à M. de Pouilly une lettre ainsi conçue :

« Mon cher ami, j'ai quelques dettes, mais je meurs tranquille, parce que je compte sur vous pour les payer. »

M. de Pouilly acquitta en effet les dettes du chevalier sans la moindre difficulté, louant son ami d'avoir eu confiance en sa générosité.

Un funeste accident arrivé à un de ses gens nommé Colinet (1er septembre 1840), lorsqu'il conduisait la voiture, fournit à M. de Pouilly l'occasion de montrer avec quelle sincérité il affectionnait ceux qui étaient à son service.

La chute de Colinet avait été mortelle. Il laissait en mourant une femme veuve et deux enfants. M. de Pouilly n'abandonna pas cette famille malheureuse. Il assura 100 francs de rente à la veuve ; autant à chacun des enfants jusqu'à leur majorité ; et enfin il s'engagea à donner une somme de 1,500 francs à chacun des enfants à l'époque de leur mariage, engagement dont il tint à s'acquitter religieusement. Mais ces libéralités ne fermèrent pas la plaie que ce triste événement avait faite à son cœur ; pendant tout le reste de sa vie, il ne pouvait prononcer le nom de Colinet sans verser des larmes.

Ces marques de bonté et de générosité de la part de la famille de Pouilly devaient nécessairement agir sur le cœur des domestiques, et, en excitant leur reconnaissance, les attacher davantage à leurs maîtres.

Tant il est vrai qu'ordinairement les bons maîtres font les bons domestiques.

Il paraît toutefois que cet ancien adage a perdu aujourd'hui quelque peu de son autorité, et que son application souffre des difficultés dans l'état actuel de la société. Les bons maîtres ne parviennent plus aussi facilement qu'autrefois à former de bons domestiques; c'est un fait malheureusement trop certain. Sauf de rares exceptions, ils rencontrent des obstacles presque insurmontables dans l'excès de l'amour-propre, de l'orgueil, de la cupidité, qui ont envahi l'esprit de la plupart des individus qu'ils sont obligés de prendre à leur service. Ce qui est plus étonnant, c'est qu'on retrouve ces mêmes défauts et ces mêmes prétentions, toutefois à un degré moindre, jusque chez les domestiques, hommes ou femmes, qui font profession de piété. Chez ces derniers ou ces dernières, le remède est entre leurs mains : un peu de réflexion, de bons examens, des confessions sincères, des communions bien préparées finiront par leur ouvrir les yeux. S'ils ne deviennent pas parfaits, on peut du moins avoir l'espoir qu'ils deviendront meilleurs.

CHAPITRE DOUZIÈME

La charité : principes généraux concernant l'aumône et les autres
œuvres de miséricorde. — La petite bourse des pauvres.

L'exercice de la charité, dit saint Paul, doit être l'occupation journalière et habituelle d'une veuve. La voix publique doit rendre témoignage de ses bonnes œuvres : *vidua
in operibus bonis testimonium habens;* elle soigne l'éducation de ses enfants : *si filios educavit;* elle exerce
l'hospitalité : *si hospitio recepit;* elle lave les pieds des
fidèles, elle rend aux infirmes les services qui sont en son
pouvoir, elle secourt et console les affligés : *si sanctorum
pedes lavit, si tribulationem patientibus subministravit;*
elle s'occupe de toutes sortes de bonnes œuvres : *si omne
opus bonum subsecuta est.*

Nous verrons bientôt comment madame de Bussières a
mis en pratique ces préceptes du grand apôtre, dans l'exer-

cice des œuvres de miséricorde tant spirituelles que corporelles.— Mais auparavant, exposons la loi de l'aumône qu'elle a si bien comprise et si largement appliquée.

C'est un grand mystère que celui de l'inégale répartition des biens entre les hommes sur la terre !

« La religion chrétienne, dit un auteur, en donne une explication qui profite à la fois aux riches et aux pauvres, et corrige ce qu'il y a de dangereux ou de pénible dans l'un ou l'autre état. »

PRINCIPES ET DIRECTION DE L'AUMONE.

1. « L'aumône, dit un éloquent orateur, repose sur un devoir, et, par conséquent, est une dette ; non exigible, il est vrai, de la part du pauvre, mais *sévèrement exigible de la part de Dieu ;* obligation indépendante de l'occasion de donner, et reposant sur le souverain domaine de Dieu dont nous ne sommes que les usufruitiers. » (*Mgr Lecourtier.*)

La loi naturelle, par cela même qu'elle nous commande d'aimer le prochain, nous ordonne de le secourir quand il est dans le besoin.

La sainte Écriture fait de l'aumône un précepte positif : « Ne frustrez pas le pauvre de l'aumône, *eleemosynam pauperis ne defraudes.* » (*Eccli.,* IV, 1.)

Notre-Seigneur Jésus-Christ envoie au feu éternel ceux qui n'auront pas donné à manger à céux qui ont faim, etc. (Matt., xxv, 42.)

2. Dans les temps et les nécessités ordinaires, on est obligé de consacrer en aumônes ou en bonnes œuvres, au moins une partie de son superflu. — Dans les nécessités extrêmes, il faut donner plus que son superflu.

On appelle *superflu* tout ce qui n'est pas indispensable pour vivre et pour tenir convenablement son rang dans la société. Par conséquent, on comprend dans le nécessaire la nourriture, l'ameublement, les frais des domestiques, les présents, les réceptions d'usage, etc.

3. « En général, le chiffre de l'aumône doit être basé sur la fortune, sur les charges, sur la misère et la dureté des temps. »

4. Beaucoup de personnes n'ont pas de superflu. Mais si l'esprit de charité les anime, elles seront portées à retrancher quelque chose de leur nécessaire, pour avoir la consolation de faire l'aumône. La veuve de l'Évangile, prenant sur son nécessaire, donnait son obole, et elle était d'autant plus louée par Notre-Seigneur.

« On en a toujours assez pour les autres, a dit quel-qu'un, quand on sait se borner pour soi. Rien n'est si aisé que d'avoir du superflu. »

5. Le meilleur moyen de faire volontiers l'aumône est de prendre sur toutes nos recettes successives de quoi nous créer une *petite bourse des pauvres*, dans laquelle nous ne puiserons que pour faire l'aumône et autres bonnes œuvres.

« Sans un budget régulier des pauvres, dit Mgr Lecourtier, l'aumône est pesante, incertaine et au-dessous de la part qu'on doit lui faire. Avec la petite bourse des pauvres, conservée à part, comme une chose sacrée, inviolable, ayant sa destination spéciale, l'aumône devient facile; le visage de personne ne vous est importun. On sait que ce petit trésor est là; la seule question est dans la quantité de bonheur qu'on se donnera en distribuant à propos. » L'établissement permanent d'une petite bourse des pauvres « nous procure une noble aisance dans l'exercice de la charité. »

Voilà les principes; voilà les moyens pour en faciliter l'application.

Madame de Bussières, avec son sens droit et son bon cœur, avait deviné tout cela; et, dans l'usage qu'elle fit des biens que le Seigneur lui avait départis, elle dépassa de beaucoup, en faveur des pauvres, les prescriptions de la théologie et de la morale naturelle.

Chez elle, ce n'était pas *sa petite bourse* qui était à la

disposition des pauvres. *Sa petite bourse* suffisait à ses dépenses personnelles et à celles de sa maison, tandis que *la grande bourse* servait à alimenter toutes ses bonnes œuvres.

Madame de Bussières tenait à ce principe généralement admis : que les biens qu'on a reçus de ses parents doivent ordinairement retourner à la famille. C'est comme un dépôt qui nous a été confié, et qu'il est convenable, *sauf des cas extraordinaires* et des raisons d'utilité générale, de transmettre, *à peu près* intact (1), à ses enfants ou à ses proches parents.

Aussi elle administrait sa fortune chrétiennement et avec intelligence; elle ne voulait pas thésauriser, ni chercher à accroître démésurément le patrimoine de sa famlile. Après avoir pourvu à ce qui était nécessaire pour sa maison, l'entretien et la consolidation de ses bâtiments et de ses fermes, l'exploitation de ses vignes et de ses bois,

---

(1) Même dans notre siècle, personne ne s'avise de blâmer les legs qui se font tous les jours aux hôpitaux, aux bureaux de bienfaisance, *aux académies pour fonder des prix*, aux conseils municipaux pour l'accroissement de la bibliothèque communale, l'établissement d'un musée, l'érection d'une église ou d'un collége, la fondation de bourses dans les écoles de l'État ou dans les séminaires, etc. Or, ces legs importants ne se font guère sans prendre quelque portion du patrimoine.

etc. ; et, après avoir mis de côté une sage réserve pour des besoins ou événements non prévus, elle consacrait littéralement chaque année en aumônes et œuvres pies tout ce qui lui restait de ses revenus, et ainsi elle parvenait à satisfaire son ardente charité sans jamais entamer le capital.

Madame de Bussières se rendait parfaitement compte de ce qu'elle faisait en s'attribuant la charge de *trésorière des pauvres*.

Elle donnait parce qu'elle avait un bon cœur ; c'était pour elle un plaisir de donner, Dieu ayant attaché à chaque bonne œuvre une satisfaction qui en est la première récompense : *melius est dare quam accipere.*

Elle donnait aussi pour obéir à Dieu qui commande l'aumône.

Elle donnait pour éviter d'être damnée et ne pas entendre, au dernier jugement, cette sentence de malédiction : « J'ai eu faim et vous ne m'avez pas donné à manger, j'ai eu soif et vous ne m'avez pas donné à boire, j'étais nu et vous ne m'avez pas donné d'habits, etc. »

Elle donnait pour avoir au contraire le bonheur d'entendre cette parole consolante : « J'ai eu faim et vous m'avez donné à manger, etc. Venez, les bénis de mon Père, entrez en possession du royaume éternel. »

Elle donnait parce que sa foi lui apprenait qu'elle faisait

un excellent placement, **un** placement fructueux, comme n'en font jamais les financiers les plus habiles. L'intérêt de l'aumône, c'est cent pour cent, et la vie éternelle par surcroît, *centuplum accipiet et vitam æternam possidebit.*

Elle donnait, non pas pour être vue, pour être applaudie des hommes, pour être proclamée dans les journaux. Au contraire, elle dérobait la connaissance de ses immenses aumônes, elle choisissait souvent pour les faire des personnes dont elle connaissait la discrétion, mais à qui néanmoins elle recommandait encore le plus grand secret.

Elle pratiquait à la lettre le précepte du Sauveur : « Que votre main gauche ignore ce que fait votre main droite. Quand vous faites l'aumône, ne sonnez pas de la trompette, etc. »

Elle donnait parce que sa foi lui faisait voir Jésus-Christ lui-même dans la personne du pauvre, et que donner aux pauvres c'est prêter à Dieu. « Le pauvre tend la main, c'est Dieu qui reçoit. » (*Saint Ambroise.*)

Elle donnait largement, parce que Dieu veut qu'on proportionne ses aumônes à sa fortune : « Si vous avez beaucoup, donnez abondamment ; si vous avez peu, donnez de ce peu, mais avec grand cœur. » *Si multum tibi fuerit abundanter tribue; si exiguum libenter impertiri stude.* (Tobie, IV, 9.)

CHAPITRE TREIZIÈME

Voyons maintenant avec quelle largeur de vues madame de Bussières comprenait l'aumône proprement dite, ainsi que les autres bonnes œuvres.

I. Parmi les fondations qu'elle regardait comme étant d'une utilité majeure, elle plaçait surtout celles qui avaient pour but l'instruction et l'éducation chrétienne des jeunes filles ; et, pour couronnement de l'œuvre, les moyens d'assurer leur persévérance.

En effet, destinées presque toutes à devenir des mères de famille, il est bien important qu'elle puissent être un jour, chacune dans son intérieur, des instruments capables de communiquer à leurs enfants les premières notions du christianisme, de les maintenir dans la pratique de la religion ; et aussi de préparer peu à peu leurs maris à remplir leurs devoirs religieux. Or, pour être à la hauteur de cette mission, il est nécessaire qu'elles soient instruites à fond de la religion, selon la portée de leur esprit, et qu'elles soient formées de longue main à des habitudes d'ordre et de propreté, à la pratique de l'abnégation d'elles-mêmes, du dévouement et des autres vertus chrétiennes.

On comprend aujourd'hui l'utilité pour les jeunes filles d'une éducation à part. On sent qu'il est peu convenable de les laisser dans une même école avec les garçons, sous la conduite d'un instituteur. Aussi, depuis quelques années, a-t-on partout favorisé l'établissement des écoles de filles que l'on confie soit à une communauté religieuse (1), soit à des institutrices laïques formées la plupart dans une école normale sagement dirigée.

____

(1) Plusieurs communautés diocésaines, dans le département de l'Aisne, sont vouées à l'enseignement des jeunes filles du peuple. Ce sont :

Les *Sœurs de l'Enfant-Jésus* de Soissons, fondées à Beaumont, en Picardie, en 1708, par madame la marquise de Genlis, et transférées à Soissons en 1714, sous l'épiscopat de M. Languet de Gergy ; rétablies en 1817 par Mgr Leblanc de Beaulieu. — 36 établissements.

Les *Sœurs de la Providence* de Laon, fondées en 1805 par

Madame de Bussières, qui savait combien son mari avait désiré la réalisation de ces idées, se hâta, dès qu'elle en vit la possibilité, de prendre toutes les mesures pour en venir à l'exécution ; et, en 1854, elle fonda à Arcis-le-Ponsart une école de filles dont elle confia la direction aux sœurs du Saint-Enfant-Jésus de Reims (1). Elle dota

---

M. Mignot, curé-archidiacre de Notre-Dame de Laon, et par mesdemoiselles Laurent et Berleux, sous l'épiscopat de Mᵍʳ de Beaulieu. — 26 établissements.

Les *Sœurs de Notre-Dame de Bon-Secours* de Charly, fondées par madame Lecomte, M. Fidon et M. Delaloge, en 1806. — 29 établissements.

Les *Sœurs de Notre-Dame de Saint-Erme*, fondées par M. l'abbé Chrétien en 1820. — 21 établissements.

Plusieurs autres communautés dirigent aussi quelques écoles. Ce sont : les Sœurs de la Charité, de la Sainte-Famille, des Écoles chrétiennes, de la Sainte-Union, de la Croix, de la Sagesse, de l'Immaculée-Conception, etc.

(1) La communauté du *Saint-Enfant-Jésus* de Reims a été fondée, en 1666, par M. Roland, chanoine théologal de la métropole, décédé en 1678. Les lettres-patentes de Louis XIV, qui lui assurèrent l'existence légale, sont de 1679, et leur obtention a été poursuivie par le vénérable abbé de la Salle, fondateur des Frères des Écoles chrétiennes et exécuteur testamentaire de M. Roland. — Dispersée pendant la révolution, elle a été rétablie en 1805, a reçu une nouvelle existence légale en 1827, et une supérieure générale en 1853. Les sœurs du Saint-Enfant-Jésus ont à Reims un pensionnat, une école normale, cinq écoles gratuites, instruisant environ deux mille petites filles ; trois salles d'asile réunissant onze cents

l'établissement d'une rente annuelle et perpétuelle de 600 francs; donna 2,500 francs pour approprier une maison qu'un habitant de la commune, M. Hutin-Blanchet, consentit à louer gratuitement pendant dix-huit ans.

Cette œuvre est en pleine prospérité, et il faut espérer que les fruits seront en proportion des sacrifices de ses fondateurs. Pour arriver à ce but, l'entente de plusieurs personnes est indispensable : la bienveillance et la prudence des autorités civiles et religieuses du pays, le zèle éclairé et discret d'institutrices bien formées et bien choisies, la bonne volonté des jeunes filles et le concours sérieux des pères et mères. S'il manque quelqu'une de ces conditions, le résultat attendu pourrait être gravement compromis.

Madame de Bussières ne négligeait aucun moyen pour encourager les jeunes filles; les dimanches et fêtes, le parc du château leur était ouvert et des jeux étaient mis à leur disposition. A l'entrée de l'hiver, les religieuses leur distribuaient, aux frais de la châtelaine, des étoffes et des vêtements pour les garantir des incommodités de la saison. Madame de Bussières entrait pour moitié dans les dépen-

---

enfants des deux sexes. Dans le diocèse de Reims elles ont vingt-cinq établissements.

ses de la distribution des prix. Pendant son séjour à Arcis, elle visitait souvent l'école et se faisait rendre compte des progrès des enfants.

Les rapports que madame de Bussières avait quelquefois avec les inspecteurs primaires et souvent avec les jeunes filles élevées dans les diverses écoles dont elle s'était occupée spécialement, lui avaient fait connaître ce qu'il y a de peu rationnel dans la direction qu'on imprime quelquefois à ces établissements et l'exagération des exigences minutieuses du programme imposé aux institutrices. Assurément, disait-elle, pour des filles de la campagne et même pour beaucoup d'enfants des villes, lire couramment, prononcer les mots distinctement, écrire lisiblement, éviter les fautes d'orthographe, savoir faire aisément et rapidement les quatre premières règles de l'arithmétique avec leur application aux choses usuelles, un peu de calcul de tête, avoir un cahier spécial pour inscrire avec ordre et clarté les recettes et les dépenses ; pardessus tout et avant tout, comprendre l'ensemble et la suite de l'histoire de la religion, posséder de mémoire la lettre du grand catéchisme du diocèse, et être capable d'expliquer le sens des phrases et des mots de chaque chapitre, voilà à ce à quoi pourrait se borner l'instruction d'un grand nombre de jeunes filles qui sont destinées à devenir soit des domestiques, soit des journalières ou des épouses d'ouvriers ou de gens exerçant une modeste profession.

Mais en même temps, madame de Bussières aurait voulu que, dans la distribution du temps de chaque semaine, on trouvât le moyen de faire apprendre à toutes les enfants, non à broder ou à faire de la tapisserie, ce qui est peu important, mais à tricoter, à repasser, à coudre, à ourler des serviettes, des mouchoirs, des draps, etc., etc., à faire des chemises, à raccommoder le linge et à confectionner tous les vêtements à leur usage ; — à tenir leurs effets et toute la maison dans un bon état d'ordre et de propreté ; — enfin elle aurait désiré que ces jeunes filles, lorsqu'elles auraient passé l'âge de douze ans, fussent, tant à l'école que dans la demeure de leurs parents, exercées aux soins du ménage, à préparer les aliments, à les assaisonner convenablement, toutes les fois qu'on en aurait la facilité. C'était une de ses recommandations les plus fréquentes dans ses visites de charité : — « Que faites-vous faire à votre fille quand elle est revenue de l'école ? l'occupez-vous à coudre ? à balayer ? à essuyer ? à nettoyer ? à ranger vos armoires ? à entretenir votre mobilier ? à brosser et à plier ses effets ? à faire la cuisine ? à être exacte à l'heure ? faites-vous en sorte qu'elle devienne une femme capable de gouverner un ménage ; et, au besoin, de diriger même des domestiques , si plus tard elle se trouvait en position d'en avoir ? etc., etc.

Madame de Bussières approuvait ouvertement la manière de faire de certaines bonnes maisons de la ville, lesquelles, quoique dans une très-honnête aisance, n'élevaient pas leurs filles comme des princesses ou des artistes ; mais leur faisaient diriger, mois par mois et tour à tour, les plus menus détails du ménage et de la cuisine, les acquisitions du marché , sous la direction vigilante de leur mère , qui les préparait ainsi à devenir des épouses soigneuses et habiles, et des mères de famille aussi complètes que possible.

Les vues de madame de Bussières ne se renfermaient pas dans les limites d'une commune ou d'un département ; elles s'étendaient à des horizons fort éloignés. L'*OEuvre des Écoles d'Orient* avait pour elle un attrait tout particulier. La relation de l'établissement que les religieuses de Montmirail (Marne), connues sous le nom de *Dames de Nazareth* (1), venaient de fonder en Palestine, insérée en

---

(2) Les Dames de Nazareth ont été fondées en 1823, à Montmirail (Marne), par le R. P. Roger, jésuite, et madame Rollat. Elles ont trois établissements en France : Montmirail , Oullins et Boulogne-

1855 dans les *Annales des Missionnaires soissonnais et luonnois*, avait particulièrement attiré son attention. Pour apporter, selon ses moyens, sa pierre à l'édifice qu'on commençait à élever dans la ville même de Nazareth, elle envoya à la révérende mère Hélot, supérieure générale de cet institut, une somme de trois mille francs pour fonder à perpétuité une demi-bourse en faveur d'une des petites filles du pays, au choix de la supérieure de l'établissement.

Le Seigneur a béni l'école de Nazareth, et la même communauté possède aujourd'hui (1866) quatre maisons en Galilée. Ce sont les écoles de Nazareth, de Caïffa, de Cheif-Amar et de Saint-Jean-d'Acre. Elles y réunissent un grand nombre de jeunes filles, qui leur devront la foi, l'instruction et la civilisation.

L'institut des sourds-muets et des aveugles, fondé à Soissons par le vénérable abbé Dupont, dans l'ancienne et célèbre abbaye de Saint-Médard, ne pouvait être indifférent à madame de Bussières. Outre les libéralités qu'elle y faisait chaque année, elle s'en est encore efficacement occupée dans ses derniers moments, en fondant à perpé-

---

sur-Mer; et des établissements en Palestine. Les deux premières supérieures ont été madame Rollat et madame Hélot. La supérieure actuelle est madame de Vaux.

tuité une bourse pleine, de quatre cents francs, pour une fille aveugle de Soissons, ou, à son défaut, un garçon aveugle, ou enfin, une sourde-muette ou un sourd-muet de Soissons, ou de l'arrondissement, ou du département. Une des clauses de sa donation est qu'elle n'entend fonder cette bourse qu'autant que ledit établissement continuera à être dirigé par des religieuses.

Il est une autre œuvre que madame de Bussières patronait de tout son pouvoir. C'est l'œuvre intéressante de la *Persévérance des jeunes filles,* définitivement fondée, dès l'année 1846, dans la maison-mère de l'Enfant-Jésus de Soissons, par M. l'abbé Mondet, avec le concours de la supérieure générale et de la sœur Saint-François.

Tous les dimanches, de quatre heures à huit heures ou huit heures et demie du soir, plus de cent trente jeunes filles, depuis l'âge de treize ans jusqu'à l'âge de vingt à vingt-cinq ans, viennent prendre part à une classe du soir; et là, sous la direction des sœurs de l'Enfant-Jésus, entretiennent et complètent leur instruction. On lit, on fait des dictées, on calcule, on se récrée, on s'édifie.

Les jeunes filles sont assidues pendant huit ou dix ans à ces classes des dimanches, et ne cessent d'en faire partie que la veille de leur mariage.

Jusqu'à ce jour, au moyen des sacrifices que se sont imposés des âmes intelligentes et charitables, on a pu encourager ces jeunes filles par diverses récompenses. A la fin de chaque année, des témoignages de satisfaction sont donnés à toutes les persévérantes qui se sont conformées au règlement de l'œuvre et ont rempli toutes les conditions prescrites. De plus, les libéralités des protecteurs et des patronesses de l'œuvre ont permis d'offrir un cadeau de noces à toutes les jeunes filles qui sont entrées dans l'état du mariage.

Madame de Bussières joignait annuellement une large offrande de plusieurs centaines de francs aux sacrifices personnels du fondateur. Cette pieuse dame, avant de mourir, a affecté à cette œuvre une somme notable, destinée à former un premier fonds dont les rentes commenceront à en assurer dans l'avenir l'existence et la continuation.

Ne peut-on pas espérer que de si touchants exemples de charité seront imités par d'autres personnes également favorisées et du don de la foi et des libéralités de la Providence ?

Les registres de l'état civil de Soissons nous découvrent périodiquement les dépravations et les hontes d'autres jeunes filles qui ne fréquentent pas la Persévérance de l'Enfant-Jésus. D'autre part, ne sera-t-il pas aussi curieux qu'édifiant de signaler quelques-uns des excellents résultats produits par l'*OEuvre de la Persévérance* si protégée par madame de Bussières ? Un relevé exact des registres de l'établissement constate que, dans l'espace de dix ans, de 1855 à 1865, plus de quatre-vingts jeunes persévérantes ont eu l'avantage de contracter des mariages sortables et où règnent l'amour du travail, l'ordre et le bon accord entre les époux. — Trente autres jeunes persévérantes sont mortes saintement comme elles avaient vécu : nous avons la confiance qu'elles seront dans le ciel les protectrices de leurs anciennes compagnes et de celles qui leur succéderont ; — treize autres persévérantes ont répandu à l'appel intérieur que leur faisait l'Esprit-Saint, ont renoncé au monde et sont entrées dans diverses communautés religieuses. — Enfin, pour dernier résultat, nous sommes autorisé par les faits à affirmer que, depuis l'établissement de la *Persévérance de l'Enfant-Jésus,* le niveau de la moralité s'est très-sensiblement élevé dans la nombreuse classe ouvrière des jeunes filles soissonnaises.

La ville de Soissons est donc la première intéressée à ne pas laisser tomber, faute de ressources suffisantes, une institution si utile au point de vue de la morale et de la religion.

Il est à désirer que, par la vigilance et le discernement des personnes qui sont aujourd'hui ou qui seront plus tard à la tête de l'œuvre, il n'arrive jamais que l'ivraie reste tant soit peu mêlée avec le bon grain.

Un seul ferment mauvais, dit l'Apôtre, peut corrompre toute la masse (ou du moins déconsidérer l'œuvre dans l'opinion publique), *modicum fermentum totam massam corrumpit.* (S. Paul, Gal. v, 9.)

CHAPITRE QUATORZIÈME

Suite de l'exercice de la charité. — I. Soin des églises. —
II. Fondation en faveur du curé. — III. Secours
donnés aux séminaires.

I

Dans un certain nombre de villages on trouve un château ou du moins une grande et splendide maison appartenant à un riche propriétaire : c'est la demeure de l'homme ; il a mis tous ses soins à l'embellir, et il n'y est quelquefois parvenu qu'après des dépenses considérables.

Dans le voisinage du château s'élève une vieille église toute délabrée ; l'intérieur en est nu ; les murs sont devenus verdâtres par l'humidité ; les ornements qui servent à l'autel sont déchirés, usés. Cette demeure, c'est la maison de Dieu. Notre Seigneur Jésus-Christ y réside réellement et en personne le jour et la nuit.

Si le châtelain et la châtelaine, si le riche propriétaire et sa compagne sont chrétiens ; s'ils ont le bonheur d'avoir une foi vive à la présence réelle de Jésus-Christ dans la sainte Eucharistie ; s'ils aiment à assister à l'auguste mystère de la Messe, s'ils fréquentent les sacrements, pourra-t-il jamais arriver qu'ils ne fassent aucun sacrifice important pour la restauration ou pour l'embellissement de l'église de leur village ? Pourront-ils jamais se persuader qu'en donnant à la quête un sou (1) le dimanche et cinquante centimes les jours de grande fête, ils ont accompli toute justice à l'égard de Dieu, leur créateur, leur rédempteur, leur souverain maître et leur juge futur ?

Non, sans doute. Par cela seul que nous avons supposé,

---

(1) Aux quêtes habituelles qui se font les dimanches et fêtes pendant les offices, on voit constamment les domestiques, les ouvrières, les petites rentières, ayant à peine 5 ou 600 fr. de revenu, se faire une conscience et un plaisir de donner *un sou* chaque fois ; — et, à côté de ces femmes de médiocre condition, se trouvent de grandes dames, à la riche toilette, jouissant d'un revenu annuel de 10,000 fr., 20,000 fr., 30,000 fr., et qui doivent être confusés de ne mettre dans le bassin du quêteur qu'UN SOU, au lieu de la pièce d'argent qu'on devrait attendre de leur générosité, vu surtout leur position de fortune et le rang qu'elles occupent dans la société.

comme un fait reconnu de tous, qu'ils pratiquent la religion catholique, nous en tirons la conséquence logique qu'ils doivent être zélés pour restaurer, assainir ou embellir le temple consacré au Seigneur, et qu'une somme destinée à cet usage sera fidèlement inscrite dans leur budget annuel.

C'est ce que comprenait et pratiquait admirablement madame de Bussières, et on rencontre de temps en temps des châtelains et des châtelaines qui sont animés du même zèle, et qui peuvent aussi répéter en toute vérité cette parole du roi-prophète : « *Domine, dilexi decorem domus tuæ.* » (Ps. 26, 8.)

L'église d'Arcis-le-Ponsart doit aux libéralités successives de madame de Bussières son assainissement, sa régularité et presque tous ses embellissements. Depuis l'année 1856, elle y a consacré environ 400 francs par an. Le pavé a été refait entièrement à neuf, les fenêtres ont été garnies de vitraux de couleur. Un magnifique tabernacle en bois de chêne sculpté orne splendidement le maître-autel. Des vases sacrés en argent et en vermeil, un riche ostensoir, ont été acquis pour renfermer plus dignement les saintes espèces eucharistiques. Madame de Bussières avait encore d'autres projets d'embellissement dont sa mort prématurée a empêché l'exécution.

Mais ses libéralités n'étaient pas circonscrites dans le cercle étroit du village de son domaine; quel que fût le lieu où l'on bâtit ou l'on restaurât une église, où l'on érigeât un autel, un monument à l'honneur de Dieu, de la Vierge Marie ou de quelque saint personnage, si elle en avait connaissance, si l'on réclamait son aide, elle se faisait une joie d'y participer en envoyant quelque secours. Elle a fait une large offrande pour l'autel monumental qu'on se propose d'élever en l'honneur de la sainte Vierge dans la cathédrale de Soissons; elle a donné une verrière au séminaire, une à Saint-Vaast, une à Saint-Léger, etc. Elle a voulu contribuer à l'érection du monument à la mémoire d'un missionnaire diocésain, le saint évêque d'Adran, Mgr Pigneau de Behaine, natif d'Origny-en-Thiérache. Les églises de Candor (Oise), de Vernon (Gironde), de l'Immaculée-Conception de Séez, de Seringes, etc., etc.; des chapelles en Angleterre, en Suède, en Norvége, en Amérique, à Canton, etc., ont été plus ou moins l'objet de sa générosité. Si elle rencontrait par hasard un curé de village, elle s'informait des besoins de son église; et, pour l'encourager à venir reclamer son concours, elle lui remettait d'abord une offrande destinée à l'achat d'un ornement quelconque, d'une exposition, d'un thabor, d'un ombrellino, d'une aube, etc. En un mot, tandis que tant

e personnes se plaignent avec aigreur qu'on les importune
ans cesse tantôt pour une œuvre, tantôt pour une autre,
madame de Bussières, au contraire, provoquait les deman-
es, disposée qu'elle était à subvenir à tous les besoins.

Par une conséquence toute naturelle de sa piété, elle
'intéressait aussi beaucoup à l'*OEuvre* si belle *des Taber-
nacles*, laquelle, au moyen d'une aumône bien modique,
procure aux églises les ornements qui leur manquent.

II

Le monde ne se représente qu'imparfaitement l'état
précaire des curés de campagne et les charges qui leur
incombent, malgré l'exiguité de leurs ressources. Les
pauvres aiment à frapper à leur porte, les malades en
attendent des douceurs et des médicaments, les jeunes
enfants des marques d'encouragement. Ce n'est qu'à force
de privations que le pasteur peut faire face à quelques-
unes de ces nécessités.

Ce doit donc être pour lui un avantage de compter au
nombre de ses paroissiens un châtelain ou une châtelaine
qui, par leur générosité, suppléeront à la pauvreté du

12

pasteur des âmes. Madame de Bussières s'était d'abord occupée du logement (1) de son curé, et avait aidé la com-

-----

(1) En jetant un coup-d'œil sur ce qui se passe dans le diocèse de Soissons, nous voyons que les châtelains et les châtelaines sont coutumiers du fait de tenir à honneur de réparer des églises, de bâtir des écoles, de loger leur curé à leurs frais, soit en bâtissant eux-mêmes de nouveaux presbytères pour en faire ensuite don à la commune ou à la fabrique, soit en lui abandonnant des maisons convenables qui leur appartiennent. C'est ce qu'ont déjà fait, à Cœuvres, M. le baron de Valsery, pour le presbytère et l'école des sœurs ; — à Mercin, M. le conseiller de Vuillefroy ; — à Passy-sur-Marne, M. de Simbrisson ; — à Loupeigne, M. de Blavette ; — à Chery-Chartreuve, M. le député Geoffroy de Villeneuve ; — à Chacrise, M. Dujay ; — à Septmonts, M. l'abbé Horlier, ancien principal du collége de Soissons ; — à Leschelles, M. le comte Caffarelli, qui a dépensé 20,000 fr. pour la construction d'un nouveau presbytère qu'il revendra à la commune pour le prix de 12,000 fr. payables en douze ans, à 1,000 fr. par an. — A Crépy-en-Valois, en 1866, M. Picart a consacré 20,000 fr. à réparer l'église ; et, au baptême de son petit-fils, après l'achèvement des travaux, le vicaire trouva un billet de banque de 500 fr. dans la boîte de dragées qui lui fut offerte. — A Marchais, près de Notre-Dame-de-Liesse, S. A. S. le prince de Monaco a fait élever entièrement à ses frais un presbytère élégant, artistique et confortable, et l'a offert à la commune ; la dépense s'élève à près de 30,000 fr. L'inauguration solennelle a eu lieu le 22 octobre 1866. — A Rozoy-sur-Serre, M. Fressencourt a doté l'établissement des Frères des écoles chrétiennes. — Le même M. de Vuillefroy dont nous parlions ci-dessus, a donné en pur don aux sœurs de l'Enfant-Jésus de Soissons sa propriété de Mercin pour en faire une maison de campagne. — Un riche particulier a légué 300,000 fr. à la commune d'Hirson pour y fonder un hôpital ; —

mune à la restauration d'un presbytère provisoire ; mais son intention bien arrêtée était de contribuer à lui procurer une habitation plus convenable et proche de l'église, avantage précieux qui permettrait au pasteur de satisfaire plus facilement sa piété envers le saint Sacrement. Le terrain était acheté depuis plusieurs années. On devait fondre les vieux bâtiments, et, après avoir pris les avis de l'archevêché de Reims, les nouvelles constructions allaient commencer. La charitable dame se serait ensuite entendue avec la commune pour une partie des dépenses.—Ce qui n'a pu être fait de son vivant, le sera certainement par ses nobles héritiers, quand le moment opportun sera arrivé.

Madame de Bussières ne trouvait pas que ce fut assez d'avoir logé le curé, sa sollicitude s'étendait aux autres besoins de la vie ; elle lui envoyait tantôt une pièce de vin de sa récolte, tantôt des fruits et des légumes de son

---

à Reims, le maire, M. Werlé, a donné 90,000 fr. afin de construire une maison de retraite pour les vieillards. — En fait de libéralités, les Anglais ne se laissent pas dépasser par les autres nations. En 1867, Georges Peabody a consacré 25 millions de francs à des établissements de bienfaisance. — Nous pourrions citer encore d'autres exemples. Ce que nous en avons dit suffit pour justifier notre assertion sur les louables générosités des châtelains et des châtelaines, et pour stimuler les personnes riches qui jusqu'aujourd'hui ne les ont pas encore imités.

jardin, tantôt quelque voiture de bois, lorsque la bonne pensée lui en venait à l'esprit.

Par acte notarié de donation entre vifs, elle a fondé en 1863, en faveur de tous les curés successifs d'Arcis-le-Ponsart, une rente annuelle et perpétuelle de deux cent soixante francs, avec la seule obligation de dire annuellement cinquante messes basses (1), à l'intention des familles Lévesque de Pouilly et Broquart de Bussières ; — une autre rente de soixante-douze francs à la fabrique d'Arcis, à la condition de douze messes par an.

Elle a également, par acte authentique, constitué une rente de cent cinquante francs en faveur du chapitre titulaire de la cathédrale de Soissons, à la condition d'un service par an, célébré le premier jour libre de la deuxième quinzaine de février, et d'une messe basse à l'intention des membres vivants des mêmes familles, le lendemain du jour où l'obit aura été chanté.

Comme madame de Bussières savait par expérience que l'aumône facilite au ministre de l'Évangile l'entrée dans la demeure de ses ouailles, et lui permet d'y remplir avec une autorité plus efficace les devoirs de pasteur des âmes,

---

(1) Quarante pour les membres décédés des deux familles, et dix pour les membres vivants des mêmes familles.

elle ne manquait pas, toutes les fois qu'elle quittait son château pour revenir à Soissons, de remettre entre les mains de son curé quelque argent, destiné à être distribué discrètement par lui à ceux qui en auraient besoin, excellent moyen de concilier au prêtre l'estime et l'affection de ses paroissiens, et d'accroître son influence pour le bien spirituel du pays tout entier.

III

Les séminaires sont la pépinière du sacerdoce. On y recueille, on y cultive les vocations. Sans les séminaires, une pénurie désolante se ferait bientôt sentir dans les rangs de la tribu sacerdotale, et des milliers de brebis resteraient sans pasteur.

Madame de Bussières comprenait l'importance de la perpétuité du sacerdoce, et elle regardait comme une de ses meilleurs œuvres de favoriser les vocations naissantes en faisant pour cela quelque sacrifice d'argent.

Constamment elle a payé, du moins en partie, les pensions de plusieurs élèves (1) soit aux petits, soit aux grands

(1) M. de Blavette, de Loupeigne, M. de Vuillefroy, de Soissons,

séminaires des diocèses de Reims et de Soissons. Dieu lui a accordé la consolation de voir que le succès n'avait pas trompé son attente. Plusieurs de ses protégés ont été honorés du sacerdoce. En mourant, elle a recommandé de continuer à payer les pensions de plusieurs séminaristes.

Les grands séminaires possèdent un certain nombre de bourses dont profitent les élèves en théologie. Mais les petits séminaires ne jouissent pas des mêmes avantages. Les promesses qui leur avaient été faites en 1828 (1) n'étaient qu'un leurre présenté perfidement, pour éblouir les yeux et pour essayer de faire pardonner une criante injustice par l'appât d'une éclatante munificence.

Ce sont les petits séminaires qui peuplent les grands séminaires.

Les personnes favorisées des dons de la fortune devraient donc porter leur attention sur les petits séminaires, et remettre à l'évêque ou au supérieur des écoles secondaires ecclésiastiques des aumônes destinées à faciliter

---

sont les émules de madame de Bussières, et entretiennent toujours plusieurs élèves dans les séminaires et dans les missions étrangères.

(1) Comme compensation de la fermeture des établissements des jésuites à Saint-Acheul et autres lieux, le gouvernement de Charles X avait promis de fonder un certain nombre de bourses dans les petits séminaires diocésains. Le gouvernement de Louis-Philippe n'a pas mis cette promesse à exécution.

l'entrée de leur maison aux enfants en qui MM. les curés reconnaîtraient de la mémoire, de l'intelligence, des dispositions à la piété, et un germe de vocation à l'état ecclésiastique.

Tous les fidèles, sans exception, ont un moyen facile de venir, tous les ans, en aide aux séminaires diocésains. C'est de satisfaire, avec générosité, à l'époque du carême, à l'obligation qui leur est imposée de compenser, par une aumône *proportionnée aux facultés de chacun*, l'indulgence de l'Église, qui accorde la permission de faire gras quatre jours chaque semaine. Madame de Bussières ne manquait pas de verser annuellement, à cette intention, une somme assez forte.

La moisson des âmes qui ont besoin d'être ramenées à Dieu est considérable, mais il n'y a pas assez d'ouvriers pour y travailler ; il faut donc prier le Seigneur de faire naître des vocations nouvelles : *Messis quidem multa, operarii autem pauci. Rogate ergo Dominum messis ut mittat operarios in messem suam.* (S. Luc, x, 2.) Et il n'est pas moins nécessaire que les fidèles fassent des sacrifices pour nourrir et entretenir les nouveaux ouvriers qui répondraient à l'appel du Sauveur, sans avoir le moyen de pourvoir par eux-mêmes à leurs nécessités personnelles.

CHAPITRE QUINZIÈME

Suite de l'exercice de la charité. — Ses aumônes en faveur des pauvres, des orphelins, des malades et des affligés.

« Autrefois, dit le R. P. Félix, beaucoup de nos vieux manoirs, patrimoines d'une noblesse et d'une richesse chrétiennes, abritaient la charité avec la religion. Avec l'église et le monastère, le château était une source d'où les bienfaits jaillissaient avec l'amour. La châtelaine portait au cœur, dans l'amour de son Christ, le secret divin des dévoûments spontanés ; et, tandis qu'elle formait sur ses genoux une génération chrétiennement libérale, elle avait autour de sa demeure sa famille de pauvres qui étaient ses enfants aussi. Accoutumer à donner aux pauvres de Jésus-Christ était la part royale de cette éducation généreuse, où l'on apprenait à aimer les hommes en apprenant à aimer Dieu : et la jeune femme, en ce temps-là, pour être autour d'elle la Providence visible de tous les pauvres de Dieu, n'avait qu'à évoquer le souvenir d'une mère, ou à regarder l'image des ancêtres. »

Parmi les mères dont les enfants peuvent évoquer utilement le souvenir, on peut assurément citer madame de Bussières. Pendant tout le temps qu'elle passait à la campagne, elle se faisait un devoir de visiter les malades et de leur porter du vin, du sucre, des confitures et toutes les autres choses dont ils pouvaient avoir besoin. Elle faisait de même pendant son séjour à Soissons. Elle ne disait jamais à ses malades un mot désobligeant; et si elle avait quelques observations à leur faire, elle y mettait tant de mesure et de douceur que ceux à qui elle parlait ne pouvaient pas s'en offenser. Généralement elle ne quittait pas un malade sans lui insinuer adroitement qu'il ferait bien de faire prévenir M. le curé, et de se préparer à se réconcilier avec Dieu en recevant les sacrements.

Une particularité aussi curieuse qu'elle est rare, et qui s'est renouvelée plus d'une fois, mérite d'être signalée, non pas pour la proposer à l'imitation, mais comme une preuve de plus de sa bonté et de sa charité à l'égard de quiconque se trouvait dans la peine ou dans l'embarras.

Chaque année des délits étaient commis sur ses terres; son garde ne manquait pas, comme c'était son devoir, de dresser procès-verbal. Les délinquants devaient, conséquemment, être cités à comparaître devant le tribunal de police correctionnelle, pour être ensuite condamnés à l'amende et aux frais. Madame de Bussières faisait toujours ses efforts pour leur épargner cette confusion et cette dépense, qui pouvait les gêner dans leur ménage. Alors elle les mandait chez elle, les engageait à verser quelques francs au bureau de bienfaisance, et le procès n'avait pas lieu. On a sans doute bien souvent trop compté sur son indulgence, on a abusé de sa bonté ; elle le savait, mais elle n'en persista pas moins dans sa manière d'agir, ne pouvant se décider à faire punir quelqu'un pour un tort qu'on lui avait fait à elle-même.

On comprend néanmoins que si on imitait en cela la charitable dame, les malfaiteurs auraient trop beau jeu.

Sa charité ne connaissait pas de bornes. Qui dira le nombre des pauvres qu'elle a secourus, le pain qu'elle a payé à divers boulangers, les loyers arriérés qu'elle a soldés ou ceux qu'elle s'est, d'avance, engagée à payer régulièrement, les centaines ou les milliers de personnes à qui elle a fourni des vêtements, du linge de corps, des draps et même des matelas ; le nombre des jeunes filles à qui, par ses sacrifices, elle a facilité l'entrée en religion, en payant leurs voyages ou la pension de leur noviciat, ou bien en leur fournissant le trousseau d'usage ; le nombre d'autres jeunes filles qu'elle a ou préservées ou retirées du désordre, les plaçant à ses frais, dans des maisons de refuge, ou leur procurant un emploi convenable ! Que d'orphelines elle a prises à sa charge et dont elle a payé la pension pendant de longues années ! Que de jeunes gens elle a aidés à entrer dans la carrière qu'ils désiraient suivre ! Que de vieillards, que d'infirmes elle s'est efforcée de consoler et de secourir ! Il y aurait un volume tout entier à écrire si l'on voulait entrer dans tous les détails de ses charités. Aux uns elle fournissait chaque semaine de la viande, à d'autres elle faisait des pensions régulières et leur donnait par mois cinq francs, dix francs, quinze francs, vingt francs, trente francs, et cela pendant dix ou quinze années consécutives, se servant d'ordinaire d'intermédiaires discrets, afin qu'on ignorât de qui venait le secours. Pour d'autres, elle payait le médecin que le malade, faute d'argent, n'aurait pas osé demander ; pour d'autres, elle faisait venir une religieuse qui les soignait pendant la durée de leur maladie. A d'autres c'était une somme ronde qui leur était nécessaire, 100 francs, 200 francs, plus encore ; madame de Bussières la donnait sans observation. — Des particuliers honorables étaient menacés , pour dettes , des dernières rigueurs ; déjà un mandat d'amener était lancé contre eux, ils allaient subir la peine de la prison, la charitable dame arrêta toute poursuite judiciaire en envoyant la somme importante réclamée par un créancier sans pitié.

Apprenait-elle qu'une famille était dans le plus entier dénûment, parce que tout l'argent gagné ou reçu était dépensé par le mari en boissons, vin, eau-de-vie, etc.; quoiqu'elle sût le mari coupable, elle n'abandonnait pas la famille; mais, au lieu d'argent, elle lui procurait du pain, de la viande, du bois, des vêtements, joignant ainsi la prudence à la compassion et à l'indulgence.

Que de pauvres se présentaient journellement chez elle! Elle n'en était pas importunée; elle interrompait même ses repas et quittait la table pour les écouter et leur dire quelques mots bienveillants, en leur remettant son aumône.

On peut le dire avec vérité, elle a répandu l'aumône comme on jette la semence dans un sillon.

Elle a été l'œil de l'aveugle, le pied du boiteux, la mère de tous ceux qui étaient dans la peine.

Un militaire, éloigné de son pays natal, ne connaissant madame de Bussières que par sa renommée de personne charitable, lui écrit pour lui demander un secours; elle le lui envoie.

Elle donne de l'argent à un ouvrier sans ouvrage.

On lui apprend qu'un malheureux qu'elle avait déjà secouru vient de se pendre de désespoir, se trouvant encore sans ressource aucune. « Que ne m'a-t-il fait connaître son état ! s'écria-t-elle, je l'aurais encore aidé à supporter sa misère. »

Combien de fois elle a empêché le protêt des billets à ordre, en donnant sur-le-champ à des malheureux la somme qui leur manquait.

Que de saisies de meubles elle a arrêtées, en satisfaisant des créanciers exigeants !

Un séminariste, dans son ardeur immodérée de s'instruire, a fait des achats de livres qu'il ne peut payer ; son libraire le presse, et lui annonce une traite de 200 fr., pour l'acquit de laquelle ce jeune homme n'a pas le premier sou. Madame de Bussières est avertie de l'embarras où il se trouve : elle lui fait porter les 200 francs que le séminariste ne lui avait pas demandés.

Un diacre, nommé Aimable Lemaire, était dangereusement malade dans sa famille ; il désira revenir au séminaire afin d'être près de son directeur et de ses amis. On le logea dans la maison voisine. Madame de Bussières, qui ne le connaissait pas, ayant appris qu'il avait besoin de quelques secours, venait le voir et lui apportait tout ce qui pouvait le soulager ou lui être agréable (1). Il n'est

---

(1) « Il m'est impossible d'aller plus loin, dit M. l'abbé Gobaille, sans dire un mot des bienfaitrices de A. Lemaire. C'est pour moi

sorte d'attention qu'elle et sa fille n'aient eue pour lui pendant les deux mois qui précédèrent sa mort ; argent, douceurs, primeurs, vin confortable, tout lui était prodigué, en ayant toutefois égard aux recommandations du médecin. Madame de Bussières mit plusieurs fois sa calèche à la disposition de l'intéressant malade et lui procura ainsi la facilité de respirer un peu l'air de la campagne. Le bon jeune homme était pénétré de reconnaissance pour tant de bonté de la part de sa bienfaitrice, et il le témoigna à un de ses condisciples, à qui il remit quelques feuillets où était consigné en détail tout ce que la charitable dame avait fait pour le soulager. Ces attentions, inspirées par la foi, adoucirent ses souffrances ; et le séminaire eut la consolation de voir ce pieux lévite mourir dans la paix du Seigneur, et ne soupirant qu'après le bonheur du ciel.

---

autant que pour lui, un devoir de reconnaissance. Supérieur alors du séminaire, je devais regarder comme fait à moi-même le bien que l'on faisait à ceux dont j'étais le père. Je regrette seulement que leur modestie ne me permette pas de les désigner autrement que par les initiales de leur nom. Ce fut tout d'abord madame d'E***, que, dans une de ses lettres, il ne craint pas d'appeler sa bonne mère. Bientôt madame de B*** et sa fille madame de N*** voulurent s'associer à sa maternelle tendresse, et ne se montrèrent pas moins généreuses envers le cher malade. On ne peut dire toutes les attentions délicates qu'elles eurent pour lui, et ces pieuses libéralités ne finirent qu'avec sa vie. » (*Notice sur Ch.-A. Lemaire*, par M. Gobaille, in-12.)

Jamais on ne connaîtra le chiffre des aumônes de madame de Bussières, ni tous les lieux où elle les a distribuées, non seulement à Soissons et dans les environs, mais à Paris et jusque dans les provinces du Nord et du Midi de la France.

Des familles déchues, par une suite de catastrophes, du rang qu'elles occupaient dans la société, implorent le secours de madame de Bussières ; mais une aumône ordinaire ne leur suffirait pas, c'est 1,000 fr., c'est 2,000 fr. qu'il leur faut pour les tirer d'embarras, et la somme demandée leur est envoyée.

A d'autres, le secours leur arrive par forme de présent d'amitié qui ne peut les humilier.

Sa sollicitude s'étendait à toute espèce de personnes. Peu lui importait qu'on fût juif, ou protestant, ou catholique, quand il s'agissait de faire un acte de charité. C'était un homme malheureux, elle n'avait pas besoin d'en savoir davantage, cela lui suffisait pour qu'elle lui prodiguât ses soins et ses aumônes, sans s'informer de sa croyance. Cette conduite n'était pas, on le comprend bien, l'effet d'une sorte d'indifférence à l'égard de toutes les religions comme si elles étaient toutes bonnes. Sa foi était trop éclairée pour qu'elle confondît dans une même estime l'hérésie, le schisme et le catholicisme. La vérité complète et certaine ne se trouve que dans la véritable Église qui a pour chef visible le Pape, vicaire de Jésus-Christ. Ceux qui n'ont point le bonheur de vivre dans sa communion n'ont qu'une portion de la vérité naturelle ou révélée ; ils sont nos frères, sans aucun doute, mais des frères peu instruits ou égarés, qui n'en sont que plus dignes de notre indulgence et de notre compassion. Voilà comment raisonnait madame de Bussières ; et il est arrivé que son indulgence même a quelquefois convaincu ceux qui en étaient l'objet, de la supériorité de la religion catholique sur le protestantisme ou l'anglicanisme, et a déterminé plus d'une abjuration. Aussi, dans ces circonstances, madame de Bussières consentait volontiers à servir de marraine à ces intéressants néophytes qu'elle avait secourus d'abord de grand cœur, quoiqu'elle sût qu'ils n'étaient point de sa religion. Chaque abjuration était pour elle une nouvelle occasion de répandre ses aumônes, soit pour fournir à ces nouveaux convertis des habits, soit pour leur donner le moyen de retourner dans leur pays, soit pour les aider à attendre une place quelconque.

Pour pouvoir suffire à des aumônes aussi considérables, elle s'imposait toutes sortes de privations, se refusait même des choses indispensables, afin d'avoir le moyen de donner davantage et plus longtemps. — Voici un trait qui montre jusqu'où elle poussait l'esprit de mortification dans l'intention d'étendre ses charités :

Depuis longues années sa nourriture de chaque jour pesait à peine trois ou quatre onces. Le raisin seul lui réussissait et elle en mangeait volontiers. Mais un hiver où il était fort rare, par suite de la maladie qui avait attaqué la vigne, elle apprend qu'on le vendait au marché un prix assez élevé. Aussitôt elle renonce à en manger elle-même, en fait vendre un panier chaque jour et en destine l'argent à ses nombreux nécessiteux. — Comme une de ses amies lui en faisait un reproche : « Comment aurais-je pu, lui répondit-elle, manger d'une chose qui coûte si cher, quand il y a tant de pauvres qui manquent de pain? »

Nous avons voulu essayer de nous rendre compte de la totalité des aumônes de madame de Bussières, d'après la connaissance, fort imparfaite, sans doute, que nous avons de ses œuvres de charité depuis l'année 1853, et nous avons acquis la preuve qu'elles sont montées à une somme considérable ; mais cette somme tout entière, nous pouvons l'affirmer, a été prise sur ses économies annuelles, c'était le résultat tant des privations qu'elle s'imposait à elle-même que d'une intelligente administration de ses biens et de ses revenus.

Le monde n'aura peut-être que des paroles de blâme sur cet emploi de sa fortune. Il aurait préféré sans doute que madame de Bussières ouvrît sa maison à de nombreuses réunions. On lui pardonnerait facilement des dépenses énormes, si elles avaient servi à donner souvent de splendides festins, des soirées élégantes, des bals somptueux et étourdissants; on lui pardonnerait si, pour elle-même, elle avait employé beaucoup d'argent à acheter des diamants, de riches toilettes, des meubles ou des équipages recherchés.

Mais, qu'on veuille bien y réfléchir et se demander quel fruit madame de Bussières aurait accueilli d'une vie de faste, de luxe et de plaisir? — Assurément, beaucoup d'ennuis, de l'ingratitude et des remords. Voilà tout.

La grâce divine l'a rendue plus sage; elle a compris cette sentence d'un pieux auteur :

« Vanité des vanités, tout est vanité, excepté aimer Dieu et le servir. *Vanitas vanitatum et omnia vanitas, præter amare Deum et illi soli servire ;* »

Et ces autres paroles que nous avons inscrites en tête de ce livre et qui le résument tout entier :

« La religion pure et sans tache auprès de Dieu notre Père consiste à visiter les orphelins et les veuves dans leurs tribulations, et à se conserver pur de la corruption du siècle. » (S. Jacq., I, 27.)

CHAPITRE SEIZIÈME

Comment, par sa défiance d'elle-même et par sa prudence, Mme de Bussières déjoue une intrigue par laquelle on cherchait à abuser de ses sentiments religieux.

L'histoire que nous allons raconter forme un épisode aussi instructif que curieux dans la vie de madame de Bussières. Les gens du monde en concluront que nous ne confondons pas la piété avec la superstition, et que nous savons découvrir et flétrir les imposteurs et les tartufes qui cherchent à se procurer de l'argent, en affectant des airs ou des habitudes de dévotion. Les personnes pieuses y apprendront à se tenir sur la réserve et à suspendre, du moins provisoirement, leur jugement, à la première annonce de faits et d'événements merveilleux, et à ne pas leur accorder leur assentiment, avant que ces mêmes faits, examinés et vérifiés avec soin et maturité, auront été dûment approuvés par l'autorité ecclésiastique.

Dans un département peu éloigné de celui de l'Aisne, vivait un homme déjà connu par quelques écrits d'une doctrine suspecte, et qui témoignaient de l'exaltation de son esprit aventureux et habitué à l'intrigue. Il était parvenu à rassembler autour de lui plusieurs jeunes personnes de 18 à 25 ans, avec lesquelles il projetait d'établir un nouvel orphelinat-pensionnat.

A la tête de son établissement éphémère, il avait mis une fille dont l'activité égalait l'intelligence. Pour plus d'une raison, nous la désignerons sous le nom de demoiselle Thaïs (1). Elle prétendait avoir des communications avec les esprits et se vantait d'avoir été guérie miraculeusement d'une maladie qui, de l'aveu des médecins, disait-elle, l'avait conduite aux portes du tombeau. Dans cette circonstance, son rôle avait été si bien joué, que des personnes graves et haut placées avaient ajouté foi pleine et entière à ses allégations probablement mensongères.

D'accord avec le créateur du prétendu orphelinat, elle

---

(1) Comme les personnes impliquées dans cette affaire sont encore vivantes, nous tairons leurs noms, et nous ne désignerons ni l'époque précise ni la ville où les faits se sont passés.

chercha à s'assurer des ressources pécuniaires auprès des personnes charitables de tous les pays.

Pendant un séjour qu'elle avait fait à Soissons, Thaïs avait entendu parler des nombreuses aumônes de madame de Bussières et du chagrin que lui avait causé la mort subite de son mari. Il s'agissait donc d'exploiter adroitement cette situation. Un jour, madame de Bussières reçut la lettre (1) suivante :

Très-honorée dame,

Qui a Dieu a tout.

Vous trouverez peut-être étrange que je prenne la liberté de vous écrire sans avoir l'honneur d'être connue de vous. Mais vous verrez tout-à-l'heure que c'est un motif de conscience qui me fait agir.

Depuis quelques jours, mon esprit était continuellement occupé des âmes des défunts, et j'en voyais une surtout qui semblait s'approcher plus près de moi comme pour me dire quelque chose. Ce matin, elle se présenta de nouveau et me dit :

« Ame charitable, écrivez à ma femme ce qui suit :

« Quelques jours avant de paraître au jugement de Dieu, mon cœur se sentit touché de compassion en pensant aux pauvres orphelins, et je promis de faire une fondation à perpétuité dans un orphelinat en faveur de trois petites filles abandonnées : une à l'intention de ma femme, une à l'intention de ma fille, et une

---

(1) Avant de remettre les originaux de cette lettre et des suivantes entre les mains de la justice, nous en avons pris nous-même une copie textuelle.

pour moi. C'est cette pensée qui m'a fait trouver un instant de connaissance avant de mourir et qui m'a permis de demander pardon à Dieu. *J'ai souffert longtemps avant de pouvoir obtenir de faire connaître cette dette que j'avais à payer.....* Le jour où ma femme aura accompli mon vœu, j'irai jouir d'un bonheur parfait ; et elle-même goûtera un calme qu'elle n'a jamais goûté, même de mon vivant, attendu que je ne vivais pas en assez bon chrétien. »

Après avoir dit ces mots, il disparut.—Je vous prie de croire, madame, qu'en vous écrivant cette lettre je ne fais qu'accomplir un devoir de charité et de conscience.

J'ai été à l'enterrement de M. de Bussières, et *lorsque sur sa tombe on tirait des coups de fusil, je compris, au cimetière même, qu'il avait obtenu miséricorde,* mais qu'il avait beaucoup à expier.

Agréez les sentiments de respect, etc.

T***.

P.-S. Vous trouverez ci-inclus le prospectus de l'orphelinat-pensionnat.

Ce prospectus arrivait à point nommé comme *post-scriptum* de la lettre, puisqu'on y indiquait que, en versant une somme de 1,000 francs, une fois donnée, par chaque enfant, l'établissement se chargeait de la nourrir, habiller et instruire *jusqu'à l'âge de 18 à 21 ans et même pour toute la vie,* si telle était la volonté de l'orpheline.

Nourrir et entretenir une personne pendant de longues années et même toute sa vie, moyennant une somme de 1,000 francs une fois donnée, c'était assurément très-séduisant. Pour les trois orphelines en question, c'était seulement une somme de 3,000 francs qu'on sollicitait immédiatement de la générosité de madame de Bussières, toujours en faveur de la délivrance de l'âme de son mari.

Certes, madame de Bussières n'avait pas à se reprocher de l'indifférence à l'égard des âmes des défunts en général, et particulièrement à l'égard de l'âme de son propre mari. Car, depuis sa mort subite et prématurée, elle n'avait jamais cessé de prier et de faire prier pour sa délivrance.

Parfaitement instruite du dogme catholique, elle croyait fermement, avec toute l'Eglise, que les âmes détenues dans un lieu d'expiation « sont soulagées par les suffrages des fidèles vivants, et particulièrement par les messes, les prières, les aumônes et les autres œuvres de piété. » (Concile de Trente, sess. 25.) Elle savait de plus que Dieu peut permettre, et a permis en effet quelquefois, que les vivants soient avertis d'une manière ou d'autre des besoins présents de ces âmes souffrantes.

Néanmoins cette espèce d'ultimatum, envoyé par la demoiselle Thaïs, lui sembla fort extraordinaire et éveilla sur-le-champ sa défiance.

Elle s'empressa donc de communiquer la lettre à un homme sage et instruit, qui la confirma dans ses doutes, et lui dit clairement et positivement que, sous ces dehors de compassion, il y avait quelque supercherie cachée. Il lui conseilla de différer provisoirement sa réponse. Lui-même se chargea d'écrire à l'évêque et aux autorités du département où était établi cette espèce d'orphelinat-pensionnat, afin d'être à même de mieux dévoiler l'imposture.

Deux jours s'étaient à peine écoulés depuis l'arrivée de la lettre de Thaïs, que madame de Bussières recevait du chef de l'orphelinat-pensionnat une lettre dans laquelle était affirmée la réalité de l'apparition et la véracité des paroles que l'âme du défunt était censée avoir dites à la demoiselle Thaïs.

Il terminait sa lettre par ces mots :

Pesez bien, madame, l'importance de ce qui vous a été dit sur votre mari. C'est la condition de son entrée dans le ciel. Vous-même vous aurez une paix qui vous est inconnue. Je vous parle ici au nom de Dieu. Croyez et vous verrez. Sinon vous souffrirez plus tard de n'avoir pas exercé la charité à l'égard d'une âme qui vous est si chère à tant de titres.

Veuillez agréer l'hommage de mon respectueux dévoùment, etc.

Le 7 novembre.   B***.

Cette seconde lettre, qui contenait des espèces de menaces pour le cas où on ne s'empresserait pas d'envoyer les 3,000 fr. demandés, rendait encore plus suspecte la susdite vision, lorsqu'une nouvelle missive du chef de l'orphelinat-pensionnat ne laissa plus aucun doute sur cette tentative de palpable escroquerie. Il y parlait d'une nouvelle apparition dont Thaïs avait été favorisée. Pour inspirer une plus grande confiance, il énumérait diverses grâces spirituelles et corporelles obtenues par cette fille en faveur d'autres personnes, victimes sans doute d'une illusion, mais dont elle avait la hardiesse de décliner les noms, afin que, au besoin, disait-elle, on pût les interroger.

Enfin, dans une quatrième lettre, le même cherche à prévenir et à réfuter les raisons qu'on pourrait peut-être lui opposer. Il y proteste de nouveau de son désintéressement personnel (malgré sa demande formelle de 3,000 fr.) Il met la réfutation des objections sur les lèvres mêmes du prétendu fantôme, dont, ajoute-il, voici les dernières paroles :

« Je ne pourrai plus venir vous solliciter. Je n'ai obtenu cette permission que pour trois fois.

« N'oubliez pas ma pauvre âme qui souffre cruellement, en attendant le jour de sa délivrance. Je me souviendrai toujours de ceux qui m'auront aidé, soit par leurs prières, soit par leur générosité, à sortir de cette prison de douleurs et qui m'auront procuré la vue de Dieu. »

Voilà, madame, continue la lettre, les paroles textuelles qui ont été dites. Je pourrais ajouter bien des choses, mais je les garde ; *elles seraient pour vous un souvenir trop cruel, si vous ne croyiez pas devoir faire cas des paroles de votre cher époux.*

Votre tout dévoué.

B***.

On le voit, les formes obséquieuses des premières lettres avaient disparu; le ton était sec; la mauvaise humeur
se faisait sentir; il y avait certaines réticences qui por-
taient à la réflexion.

A Soissons, on laissa à dessein l'intrigue se continuer
pendant quinze jours, afin de confondre plus sûrement
l'imposteur; mais on était, dès le principe, déterminé à
ne lui rien accorder de l'argent qu'il sollicitait.

Sur ces entrefaites arriva, fort à propos, la réponse de
l'évêque diocésain. Sa Grandeur, dans l'intérêt de la religion, qui n'a rien de commun avec les imposteurs, exigeait
qu'on lui envoyât les originaux des lettres des deux intri-
guants. Quand lesdites lettres furent entre ses mains,
l'évêque remit immédiatement le dossier complet au pro-
cureur impérial de l'arrondissement. Force fut donc à
Thaïs et à son compère de répondre sur leurs faits et
gestes devant la justice humaine, qui les condamna
comme escrocs.

Les catholiques sincères n'ont qu'à remercier et à féliciter les magistrats clairvoyants, toutes les fois qu'ils parviennent à démasquer les hypocrites et les faux frères, et
leur infligent la punition édictée par la loi.

Dans toute cette affaire, la conduite de madame de

Bussières et de ses conseillers fut marquée au coin du bon sens, de la sagesse et de la justice.

Tout en croyant fermement à la possibilité des apparitions et des miracles, lorsqu'il plaît à Dieu de les permettre ou de les opérer, madame de Bussières avait appris de S. Jean qu'il y a une défiance permise et conforme à la prudence : « Mes bien-aimés, disait cet apôtre, ne croyez pas à tout esprit, mais éprouvez si les esprits sont de Dieu : car plusieurs faux prophètes se sont élevés dans le monde ; *carissimi, nolite omni spiritui credere, sed probate spiritus si ex Deo sint : quoniam multi pseudoprophetæ exierunt in mundum.* » (I Jean, IV, 1.) La pieuse et charitable dame se tint sur la réserve pendant toute la durée de l'intrigue, et n'envoya pas un centime... ni à Thaïs ni à son complice. Elle n'eut que l'ennui d'être appelée comme témoin à charge, ce dont elle aurait cru pouvoir être dispensée, attendu que les lettres toutes seules contenaient la preuve matérielle et irréfragable du délit, et suffisaient, ce semble, pour attester la culpabilité de leurs auteurs et attirer sur eux la condamnation légale.

De ce procès il conste, une fois de plus, que l'Eglise catholique met le soin le plus scrupuleux dans l'examen des faits que l'on présente comme ayant trait au surnaturel. Elle proclame la vérité lorsqu'elle l'a reconnue telle, mais elle confond toujours et anathématise la fourberie et ses fauteurs, aussitôt qu'elle est parvenue à les connaître.

« Que les évêques, dit le saint concile de Trente, ne permettent pas que, sur le purgatoire, on avance des choses incertaines ou qui ont une apparence de fausseté; et QU'ILS DÉFENDENT, comme un sujet de scandale et de mauvaise édification pour les fidèles, TOUT CE QUI EST SUPERSTITIEUX OU NE TEND QU'A SATISFAIRE UNE VAINE CURIOSITÉ OU UNE SORDIDE CUPIDITÉ ; *incerta vel quæ specie falsi laborant, evulgari ac tractari episcopi non permittant. Ea vero quæ ad curiositatem quamdam aut superstitionem spectant, vel turpe lucrum sapiunt, tanquam scandala et fidelium offendicula prohibeant.* » (Trident., sess. 25.)

Telle est la vraie doctrine de l'Eglise catholique; telles sont les prescriptions constantes qu'elle a toujours imposées aux pasteurs et aux fidèles.

CHAPITRE DIX-SEPTIÈME

Dernière maladie et sainte mort de Mme de Bussières.

Madame de Bussières était depuis plusieurs années d'une santé si délicate et d'une si excessive faiblesse, que, quoiqu'elle ne fût pas encore fort avancée en âge, on craignait toujours qu'elle ne vînt à s'éteindre tout à coup ; et, comme on la voyait augmenter sans cesse le nombre de ses bonnes œuvres, on se demandait souvent : —Comment fera-t-on quand madame de Bussières n'y sera plus ? comment continuer le bien immense qu'elle fait ?

Les craintes du public sur la mort prochaine de la bienfaitrice de Soissons devaient bientôt se réaliser.

Elle tomba malade le dimanche de la Passion, 2 avril 1865. On crut d'abord que ce n'était qu'une simple indisposition ; mais peu après on y découvrit les symptômes d'une maladie mortelle ; le docteur Missa n'y fut pas

trompé. Tont l'art de la médecine se réduisit à prolonge
le plus possible une existence si chère à sa famille et s
utile à la société.

Sans avoir une vue bien nette de sa fin prochaine
madame de Bussières fit ce qu'elle avait fait dans les autres maladies que le Seigneur lui avait précédemmen
envoyées. En bonne chrétienne, elle l'envisagea comme
pouvant être la dernière, et elle prit ses dispositions pou
être prête à paraître devant le Juge suprême. Elle fi
aussi tous ses efforts pour rendre méritoires les moindres
souffrances de chaque jour, en les unissant aux douleurs
de la passion de son Sauveur, en maintenant, par la confession fréquente, son cœur dans une grande pureté, et
en fortifiant, chaque semaine, son âme par la réception
de la sainte Eucharistie. Enfin les saintes et courtes lectures qu'elle se faisait faire, plusieurs fois par jour, entretenaient son esprit dans la pensée habituelle de Dieu et
de ses miséricordes. Faut-il s'étonner après cela du calme
inaltérable qu'elle manifesta pendant les cinq mois que
dura sa maladie?

Ce calme était d'abord uue grâce spéciale de la divine
bonté, et ensuite la conséquence naturelle de la pureté de
sa conscience et de sa résignation parfaite et bien sincère
à la volonté de Dieu.

Aussi comme elle édifiait les personnes qui la soignaient ! Jamais le moindre murmure, jamais une plainte ; toujours maîtresse d'elle-même, elle dissimulait une partie de ses souffrances, dans la crainte d'alarmer sa famille et ses amies.

Au bout de deux mois, une amélioration sensible se manifesta chez la malade, et on espéra que Dieu, dans sa bonté, ne priverait pas tant de malheureux de la présence et des secours de leur insigne bienfaitrice et mère.

Déjà on faisait des projets de villégiature pour le temps de la convalescence ; et la malade elle-même pressait madame de Noiron, sa fille, de prendre ses dispositions pour accompagner son fils aux Pyrénées, puisque son propre état de santé ne laissait plus d'inquiétude sérieuse. La prudence et une certaine crainte vague dont on ne se rendait pas compte empêchèrent de céder à ses instances, et M. Jules de Noiron fit seul le voyage projeté.

Un incident imprévu, en diminuant tout à coup les espérances de guérison qu'on avait accueillies avec joie, montra qu'on avait agi sagement. Le docteur Missa avait permis à la malade une promenade en voiture. Malheureusement un coup d'air, au détour d'une rue, fut cause d'une rechute, et cette rechute devait conduire la malade au tombeau. Madame de Bussières comprit aussitôt toute la gravité de son état. Elle vit clairement que sa fin approchait. Néanmoins elle ne voulut pas alarmer son entourage, et s'opposa à ce qu'on rappelât son petit-fils des Pyrénées et qu'on abrégeât le temps qu'il s'était proposé d'y passer. Elle continua à s'occuper de l'administration de sa maison, comme si elle eût été en bonne santé. De son lit elle donnait chaque jour ses ordres à ses domestiques, réglait le menu des repas, indiquait les provisions à acheter et entrait dans tous les détails dont s'occupent les maîtresses de maison , soucieuses de remplir leurs devoirs.

Cependant les forces de la malade diminuaient sensiblement. Les personnes qui la soignaient commençaient à s'inquiéter ; l'illusion n'était plus possible ; et on se demandait timidement l'un à l'autre s'il n'était pas opportun de songer à la réception des derniers sacrements.

Madame de Bussières, qui appréciait fort bien les motifs qui font hésiter les parents et les amis en de telles circonstances, avait pris ses précautions à l'avance ; et, à l'occasion de l'une de ses communions hebdomadaires, elle avait d'elle-même provoqué sur ce point l'avis de son directeur. Sur sa réponse négative, elle n'avait pas insisté, et n'avait pas, depuis ce moment, renouvelé ses questions. Elle comptait qu'il serait assez charitable pour l'avertir de l'approche du moment suprême, où il y a obligation grave de recevoir le saint Viatique, l'Eucharistie ayant aussi été établie pour donner à l'âme des forces contre les dernières tentations et les angoisses de l'agonie.

Dans l'après-midi du samedi (20 août), la malade, sentant que sa poitrine se remplissait de plus en plus et que sa respiration devenait difficile, crut devoir réitérer sa demande. On y répondit par des sanglots. Elle en comprit la signification, et fixa elle-même la cérémonie au lendemain matin. Mais vers le soir de ce même jour, elle supplia qu'on ne différât pas davantage à lui apporter les dernières consolations de la religion. On courut alors au séminaire, et un des directeurs, *muni à l'avance d'une autorisation* de M. le curé de la paroisse, s'apprêta à lui apporter le saint Viatique et l'extrême-onction.

En attendant son arrivée, madame de Bussières se recueillit profondément et se prépara par une prière fervente à recevoir avec confiance le Dieu qu'elle avait servi avec tant de fidélité. Elle répéta plusieurs fois : « Mon Dieu, que votre volonté soit faite et non la mienne. »

C'est dans ces dispositions de parfaite résignation et avec la foi la plus vive jointe à une tendre piété, que la vénérable malade reçut les sacrements des mourants. Et comme l'ecclésiastique qui lui avait rendu ce bon office lui disait qu'elle avait tout à espérer, en raison de ses bonnes œuvres : « Hélas ! répondit-elle avec l'humilité et modestie qui l'ont toujours caractérisée, hélas ! j'ai commis bien des fautes, priez Dieu qu'il me les pardonne. »

Selon le désir exprimé par la malade, dans un but de plus grand recueillement, il n'y avait de présents à cette cérémonie que madame de Noiron, sa fille, la sœur Saint-François et les domestiques de la maison.

Après quelque temps employé à l'action de grâces, madame de Bussières bénit toutes les personnes qui entouraient son lit. — Madame de Noiron, pensant à son mari et à son fils : « Vous bénissez aussi les absents, n'est-ce pas, ma mère ? » — « Oh oui ! de tout mon cœur. »

Vers le soir, sa fille proposa de faire une neuvaine pour obtenir la prolongation des jours de sa vénérée mère. — « Ma fille, reprit aussitôt la malade, je ne veux pas de miracle, je veux ce que le bon Dieu veut. » — « Nous pouvons toujours prier, dit sa fille, il en sera ce qu'il plaira à Dieu. »

La nuit fut calme. La sœur Saint-François était restée seule avec la malade. Madame de Bussières, toujours plus occupée des autres que d'elle-même, lui dit : « Dormez, ma sœur, je vous en prie, autrement vous seriez trop fatiguée.

— Madame je n'ai pas de sommeil, j'aime mieux veiller.

— Eh bien! parlez-moi du bon Dieu. — Ce n'est pas que vous éprouviez quelque crainte? — Non, j'en remercie le Seigneur; il m'accorde bien des grâces, demandez que j'y corresponde. — Il y aurait de la cruauté, n'est-ce pas, madame, si l'on cachait la vérité à ceux que l'on aime? — Oui, répondit la malade; mais vous, vous ne ferez pas cela. Vous m'avertirez quand le moment approchera. — Selon les apparences, reprit la sœur, il faut que nous nous résignions au sacrifice; mais vous nous en donnez vous-même l'exemple. — Il n'y a rien de mieux, reprit la malade, que de vouloir ce que Dieu veut. »

Tout à coup elle fit fermer la porte de la chambre voisine pour ne pas troubler sa fille, qui y reposait, d'après le désir que la malade lui avait exprimé. Alors, se mettant à causer intimement avec la bonne sœur, elle lui dit : « Le bon Dieu me laissera vivre jusqu'à ce que j'aie vu mes enfants : je le désire bien. Mon Dieu! ajouta-t-elle en joignant les mains et en regardant avec amour son crucifix, mon Dieu, bénissez tous ceux qui me sont chers; qu'ils vous aiment, qu'ils vous servent fidèlement, afin qu'un jour nous soyons tous réunis dans le ciel où j'espère vous aimer et vous bénir à jamais. » — Souvent madame de Bussières revint sur ce sujet.

Le lendemain matin, le docteur Missa, qui lui avait

prodigué ses soins avec tant d'assiduité et de dévouement, étant venu lui faire sa visite accoutumée, elle lui dit : « Je n'ai pas peur de la mort ; j'ai reçu hier les derniers sacrements. » — « Beaucoup les ont reçus, reprit le docteur, et ont encore vécu plusieurs années après. »

Toute la journée du dimanche, madame de Noiron n'aurait pas voulu quitter sa mère ; mais la malade voulut qu'elle assistât à la grand'messe et au salut.

Dans la nuit du dimanche au lundi, madame de Bussières put à peine fermer un instant les yeux. On l'entendait dire à tout moment, avec un profond sentiment de piété : « Mon Dieu, je crois en vous, j'espère en vous, je vous aime de tout mon cœur. — Mon Dieu, faites-moi miséricorde. — Jésus, Marie, Joseph, secourez-moi. — J'ai mis mon espérance en vous, ô bon Jésus, je ne serai pas trompée, vous me recevrez dans votre saint paradis. » — Elle ne cessa de répéter ces invocations et d'autres encore qu'en cessant de vivre.

Le lundi, la malade se crut sur le point de rendre le dernier soupir.

Des dépêches télégraphiques furent aussitôt expédiées à son cousin, M. de Breuvery, siégeant alors au conseil général de Seine-et-Oise, à M. Jules de Noiron, dans les

Pyrénées, et à M. Louis de Noiron, son gendre, qui voyageait en Allemagne.

La crise violente qu'avait éprouvée madame de Bussières s'apaisa par l'effet des calmants ordonnés par le docteur. La malade recouvra sa tranquillité ; et, avec une étonnante présence d'esprit, donna les ordres les plus précis pour que les trois personnes attendues trouvassent, à leur arrivée, leurs chambres prêtes et un repas convenable. — « Ils vont venir tous les trois pour assister à mon enterrement ; ils seraient bien *attrapés*, ajouta-t-elle en souriant, si je ne mourais pas. » Tant il était vrai que l'approche de la mort ne l'effrayait pas ! Elle pouvait se dire à elle-même comme ce solitaire (saint Hilarion) : Voilà plus de soixante ans que tu sers Dieu de ton mieux, que pourrais-tu craindre ? Dieu est juste, et il récompense ceux qui l'aiment.

Les trois voyageurs ne tardèrent pas à arriver successivement, et ils purent se convaincre, en voyant l'état de la malade, qu'un retard de quelques jours les aurait privés de la consolation de revoir encore une fois celle qu'ils vénéraient et qu'ils regardaient avec raison comme une sainte.

Tout affaiblie que se trouvât madame de Bussières et quelque difficulté qu'elle eût à parler, elle voulut avoir et eut en effet des entretiens particuliers avec madame de Noiron, à qui elle fit connaître de vive voix ses dernières volontés; puis avec M. de Noiron, son gendre; et, à diverses reprises , avec son petit-fils. Ses recommandations resteront gravées dans leurs cœurs si respectueux et si aimants.

Cependant elle n'oubliait pas les pauvres, et elle fit remettre quelque argent à plusieurs personnes qu'elle désigna. Tant c'était pour elle un besoin de toujours donner! Elle y avait trouvé sa satisfaction et son bonheur. Ses aumônes, qui seront sa joie dans le ciel, ont déjà, sur cette terre, adouci les souffrances de ses derniers moments. *Beatus qui intelligit super egenum et pauperem; in die mala liberabit eum Dominus.* Ps. XL, 2. Bienheureux celui qui a l'intelligence des besoins du pauvre ; aux jours mauvais le Seigneur le délivrera.

Avec quelle ferveur elle priait, tenant entre ses mains un crucifix indulgencié pour la bonne mort. « O croix de mon Sauveur, répétait-elle, vous êtes mon unique espérance. » D'autres fois elle pensait qu'elle n'avait pas servi Dieu comme il le méritait, et elle disait en soupirant : Mon Dieu, ayez pitié de moi selon votre grande miséricorde!

« Les péchés de ma vie entière sont présents à ma mémoire. Vous ne rejetterez pas, Seigneur, un cœur contrit et humilié.

« Pardonnez-moi, mon Dieu, mes ignorances. Détournez votre visage de la vue de mes fautes.

« Vous m'avez comblée de grâces pendant toute ma vie; mais que j'y ai mal correspondu !

« Seigneur, ne me jugez pas selon la rigueur de votre justice, mais selon votre miséricorde. Que vos jugements sont redoutables, ô mon Dieu ! »

Mais bientôt l'espérance succédait à la crainte, et un grand calme se faisait dans son âme : « O Jésus, vous êtes venu sur la terre pour sauver les pécheurs et non pour les perdre.

« Vous m'avez pardonné bien des fois mes péchés au tribunal de la pénitence !

« Ils ont été effacés par votre sang précieux !

« J'espère en vous, ô mon Sauveur, je ne serai pas confondue. »

Ce sentiment de confiance en la bonté de Dieu est celui qui s'est manifesté davantage dans tout le cours de sa maladie.

Que pouvait-elle, en effet, avoir tant à craindre d'un Dieu qui est la justice même, après la vie si pieuse qu'elle avait menée !

14*

Voici quelques-uns des mots qu'elle a dits à son confesseur en conversant avec lui, dans les fréquentes visites qu'il lui faisait : « Il ne me reste plus que la peau sur les os, mais un jour je ressusciterai, et Dieu saura bien rendre à mon corps tout ce qu'il a perdu. Alors vous ne me reconnaîtrez plus, Dieu aura perfectionné son premier ouvrage.

« Quelle douce joie nous ressentirons quand nous nous retrouverons tous dans le ciel ! Oh ! si je pouvais y revoir tous mes parents que j'ai tant aimés quand ils étaient sur la terre !

« J'ai bien prié et fait prier pour eux après leur mort ! Les saints sacrifices qu'on a offerts pour le repos de leur âme doivent avoir abrégé leur temps de purgatoire !

« Oh ! comme nous chanterons tous ensemble les louanges de Dieu dans le ciel !

« Comme on doit être heureux de se trouver en si bonne compagnie ! Je verrai là mes saintes patronnes, et les patrons et patronnés de mon père et de tous mes parents.

« Pensez-vous que je serai bien longtemps avant de me voir ouvrir la porte du Paradis ?

« Je sais bien que je suis une pauvre créature. Dieu a été souvent mécontent de moi. Je ne mérite pas le Paradis !

« Mais j'espère cependant que Dieu m'y recevra, parce qu'il est infiniment bon ! il aura égard à ma faiblesse et à ma bonne volonté.

« Priez pour moi, non pas pour que Dieu abrége mes souffrances, mais pour que je sois résignée à tout ce qu'il voudra. »

La semaine qui précéda sa mort, elle désira recevoir tous les jours l'absolution. Son confesseur se rendit à ses désirs. Elle voulut aussi qu'il lui réitérât plusieurs fois l'indulgence plénière *in articulo mortis*.

Et cependant elle conservait toute sa présence d'esprit; elle voyait tout ce qui se passait autour d'elle, elle pensait à tout, elle devinait tout.

Apercevant auprès de son lit une de ses amies d'enfance (mademoiselle Letellier), elle inclina la tête de son côté et lui dit en souriant : « Célinie, je t'aime bien, quoique je ne te parle pas. »

Le 24 août, vers six heures du soir, elle eut une faiblesse et on pensa qu'il était à propos de réciter les prières des agonisants.

Toute sa famille, c'est-à-dire sa fille, son gendre, son petit-fils, son cousin, M. de Breuvery, et tous les domestiques de la maison, étaient à genoux dans un profond recueillement.— Quoique la malade n'eût plus qu'un souffle de vie, elle suivait, avec une attention marquée et un sentiment de douce piété, ces touchantes invocations par lesquelles on supplie toute la Cour céleste de venir au secours de l'âme qui est sur le point d'entrer dans son éternité.

On alluma le cierge bénit et l'assistance continua à prier en silence.

La prière du soir se fit encore en commun, selon l'habitude de la maison. Madame de Noiron témoigna le désir de rester pendant la nuit auprès de sa mère, en compagnie de la sœur Saint-François. Madame de Bussières ne s'y opposa pas ; mais elle engagea les autres personnes à aller prendre du repos.

Pendant cette nuit qui devait être la dernière, on l'entendit répéter souvent cette invocation qui lui était familière :

« Jésus, Marie, Joseph, assistez-moi dans ma dernière agonie ! Jésus, Marie, Joseph, que je meure paisiblement en votre sainte compagnie ! »

Enfin une nouvelle crise étant survenue, la malade demanda qu'on lui récitât de nouveau les prières des agonisants. Quand elles furent achevées, elle prononça encore plusieurs fois les saints noms de JÉSUS, MARIE, JOSEPH, et rendit sa belle âme à son Créateur, la nuit du jeudi au vendredi (24 au 25 août 1865).

Sa mort, qui fut celle d'une sainte, couronna une vie employée tout entière à faire le bien et à pratiquer la vertu.

Quelle existence mieux remplie que la sienne! Fille tendre et respectueuse, épouse dévouée et prudente, mère sage, maîtresse de maison douce et pleine de bonté, amie sincère et constante, veuve selon le cœur de Dieu, âme sincèrement chrétienne, madame de Bussières fut encore remarquable par la manière dont elle administra sa fortune après la mort de son mari. Elle sut conserver intact l'héritage dont ses pères lui avaient confié le dépôt, et y ajouta même quelques fragments de terres qui se trouvèrent à sa convenance.

Mais ce qui est au-dessus de tout éloge dans la vie si simple et si uniforme de madame de Bussières, c'est son esprit de charité. Elle ne thésaurisait que pour le ciel : *divitias cœlo condidit ore, manu.* Cette charité, qui avait été le mobile de sa vie, l'accompagna jusqu'au tombeau, et doit être la mesure de sa récompense au séjour des bienheureux.

Les obsèques de madame de Bussières (on aura peine

à l'expliquer) ne se distinguèrent en rien de celles des personnes de son rang, et aucun discours ne fut prononcé sur sa tombe.

Parmi les nombreuses personnes qu'elle avait secourues dans leurs besoins ou consolées dans leurs afflictions et dans leurs souffrances, on n'en vit qu'un nombre trop restreint suivre son cercueil jusqu'à l'église.

La pensée vint à peu de pauvres de l'accompagner au cimetière !

Hélas ! la vertu de reconnaissance s'exile de plus en plus de notre société moderne. L'égoïsme prend sa place dans les cœurs !

C'est fort triste à constater pour l'honneur de l'humanité !

Mais il est peut-être utile de le dire !

❊

Toutefois, quelque édifiantes qu'aient été la vie et la mort de madame de Bussières, il ne serait pas sage de s'autoriser des vertus que nous lui avons vu pratiquer, pour en conclure que ceux qui l'ont connue intimement peuvent désormais l'invoquer, au lieu de prier pour elle. La bonne opinion que nous avons de la piété de nos amis ne doit pas nous faire risquer de compromettre leurs véritables intérêts spirituels, dans le cas où, ce que nous ignorons, la rigoureuse justice de Dieu les retiendrait encore un temps plus ou moins long dans le purgatoire.

Une pensée analogue a aussi, nous le savons, fortement préoccupé notre vénérable évêque, Mgr de Simony. « Je crains toujours, disait-il sur son lit de douleur, que votre amitié ne me soit cruelle, en essayant de me faire passer pour un saint. Car alors on cesserait beaucoup trop tôt de faire pour moi les prières dont j'aurai certainement le plus grand besoin. »

C'est en effet l'illusion de beaucoup de personnes du monde. Quand elles ont fait dire quelques messes le lendemain du décès, puis au bout de l'an d'un père, d'une mère, etc., elles croient avoir suffisamment satisfait à la reconnaissance, et avoir infailliblement ouvert le ciel à ces âmes qui leur sont chères! Et par là elles s'exposent à laisser souffrir, pendant de longues années peut-être, ce père, cette mère, ces parents, de l'héritage et des trésors desquels elles jouissent avec une si parfaite tranquillité d'âme, fermant les oreilles à ces gémissements qui partent de la prison du purgatoire : *Miseremini mei, miseremini mei, saltem vos, amici mei, quia manus Domini tetigit me* (Job, 19, 21). Ayez pitié de moi, ayez pitié de moi, vous que j'ai tant aimés sur la terre, vous pour lesquels je me suis sacrifié tout entier, vous qui vous dites mes amis. Ayez pitié de moi, mes souffrances sont horribles, parce que la main de la justice divine s'est appesantie sur moi.

Saint Augustin était bien éloigné de partager cette commune erreur, si funeste à nos bien-aimés défunts. Quoiqu'il eût été le témoin constant des vertus, des jeûnes, des austérités, des veilles, des oraisons et des larmes de sa pieuse mère, ainsi que de sa mort si édifiante, cependant, après treize années de supplications et de saints sacrifices offerts pour le repos de son âme, il n'est pas encore rassuré sur son état dans l'autre monde, et il se demande avec inquiétude (1) si Dieu a fait miséricorde à sa mère ; sans doute il ne perd pas confiance en la bonté de Dieu, et néanmoins il se croit obligé de continuer à prier pour elle, et surtout à offrir à son intention le saint sacrifice, ainsi qu'elle le lui avait recommandé.

____

(1) Sur le purgatoire, on lira avec fruit les ouvrages suivants : *Sermon de Bourdaloue pour le jour de la commémoraison des morts.* — Faber, *Tout pour Jésus*, chapitre neuvième, sur le purgatoire. — Le P. Félix, *Discours sur le purgatoire, prononcé chez les dames auxiliatrices du purgatoire.* Chez Albanel.

« O mon Dieu, s'écrie-t-il, malheur à la vie même la plus exemplaire, si vous l'examinez en faisant abstraction de votre miséricorde ! Mettant à part ses bonnes œuvres, dont je vous rends grâces avec joie, je vous prie, à cette heure, pour les péchés de ma mère ; exaucez-moi, au nom du divin Rédempteur qui intercède sans cesse pour nous. Je sais qu'elle a usé de miséricorde envers son prochain, et que de toute son âme elle a remis leurs dettes à ses débiteurs ; remettez-lui la sienne, et, je vous en conjure, Seigneur, n'entrez pas en jugement avec elle ; que votre miséricorde s'élève au-dessus de votre justice. Aux approches de sa dernière heure, elle n'a pas songé à faire ensevelir somptueusement son corps ; elle a seulement demandé que l'on fît mémoire d'elle à votre autel. »

Ainsi avait raisonné madame de Bussières en songeant aux intérêts spirituels de sa famille et aux siens propres. C'est à cause de cette incertitude dans la durée de notre temps d'expiation, qu'elle a fondé à perpétuité pour elle, pour tous ses parents et pour les âmes les plus abandonnées, ces messes de chaque semaine et ce service annuel dont nous avons parlé plus haut, et par la fondation duquel elle participe aux mérites du saint sacrifice offert tous les jours par le chapitre de la cathédrale de Soissons.

Il est écrit : « Vous ne sortirez de ce lieu d'expiation et

de souffrances que lorsque vous aurez payé jusqu'à la dernière obole, » c'est-à-dire jusqu'à ce que vous ayez achevé d'expier la *peine temporelle* qui vous restait à subir, après l'absolution de vos péchés.

Donc, moins nous aurons fait pénitence, moins nous aurons gagné d'indulgences pendant notre vie, plus il nous faudra souffrir après notre mort, avant d'entrer dans les joies du paradis.

Tels sont les derniers enseignements que nous devons recueillir de cet écrit.

Réfléchissons sur ce que nous avons fait jusqu'ici pour soulager dans le purgatoire les défunts qui nous ont été chers, et voyons ce que nous pouvons faire encore pour hâter leur délivrance, et préparer la nôtre, quand nous serons sortis de ce monde. Dans notre intérêt personnel, travaillons nous-mêmes, dès à présent, à diminuer nos propres dettes envers la justice divine, en employant les mêmes moyens qu'a employés madame de Bussières. Recueillons-nous devant cette vertu, toujours une, toujours persévérante ; puis, à notre tour, prenons la ferme résolution de mener constamment — une vie humble, mortifiée, pénitente, — une vie sincèrement pieuse dont tous les jours seront marqués par une grande pureté d'intention, par l'esprit d'indulgence et de charité à l'égard du prochain

—en un mot, une vie pleine de bonnes œuvres, *et dies pleni invenientur in eis.* (Ps. LXII, 10.) Ce n'est qu'à ces conditions que nous pourrons, à notre dernière heure, avoir l'espoir d'obtenir de Dieu la plénitude de ses miséricordes.

FIN DE LA VIE DE MADAME DE BUSSIÈRES.

PREMIER APPENDICE

(Addition pour les pages 31-39.)

LETTRE ET AUDIENCE DE SA SAINTETÉ PIE IX

POUR RECOMMANDER AUX FEMMES LA MODESTIE.

Le 12 octobre 1867, Pie IX adressa au cardinal Patrizzi, son vicaire, une lettre pour lui recommander de veiller, dans la ville de Rome, à la répression du blasphême, à l'observation du dimanche, et *à la tenue et à la modestie des femmes dans les églises et ailleurs.* Nous en extrayons les passages suivants :

« Quant au respect dû aux églises et à la réserve à y
« garder, il faudrait remettre en vigueur les ordonnances
« de notre prédécesseur de sainte mémoire, Léon XII.....

« et rappeler gravement à tous que la maison de Dieu est
« une maison de prière, et qu'au lieu saint convient la
« sainteté ; et comme la principale cause du mal vient
« peut-être des femmes qui, en allant à l'église, se parent
« comme pour la promenade ou le spectacle, *uniquement*
« *attentives à leur toilette, se drapent prétentieusement,*
« *pour s'élever au-dessus de leur condition et étalent à*
« *tous les yeux la vanité de leur sexe ;* il nous paraîtrait
« expédient *d'opposer à ce scandale une Société de dames*
« *respectables et influentes qui, par leurs bons exemples,*
« *arriveraient à modérer un luxe si propre à ruiner les*
« *familles et à pervertir les mœurs.* Pour les animer dans
« une entreprise plus difficile que bien d'autres, il faut
« rappeler aux femmes qu'il *sied mal à leur réserve, en*
« *quelque lieu que ce soit,* de chercher à attirer les regards
« par la bizarrerie des modes et la pompe des vêtements,
« Dieu ayant en horreur le faste, ainsi que le désir de
« plaire aux hommes. Dans son saint temple, cela devient
« un véritable outrage à la majesté de Celui qui y réside
« sur un trône de miséricorde, pour recevoir les adora-
« tions et les vœux de ses fidèles serviteurs. Qu'elles se
« rappellent le précepte que leur a donné saint Paul, de
« n'entrer dans l'église qu'avec la tête modestement voi-
« lée, soit par respect pour la présence réelle de Dieu et

« des Anges qui l'y adorent, soit pour ne pas offrir au
« prochain une occasion de profaner le saint temple.
« Qu'elles se souviennent que cet important article de
« discipline a toujours été enseigné par l'Église et remis
« en vigueur toutes les fois que se sont introduits des
« abus que nulle coutume ne saurait autoriser; qu'elles
« comprennent donc bien le but que nous nous proposons
« dans cette ordonnance, et qu'il ne s'agit pas de l'éluder
« en se servant du voile comme d'un nouvel ornement,
« mais de l'observer avec exactitude, en ayant soin de
« se couvrir modestement la tête, et qu'ainsi chacune
« s'appplique à elle-même la chaleureuse exhortation que
« Tertullien adressait aux chrétiennes de son temps :

« *Qui que vous soyez, mère, sœur, ou jeune fille, je*
« *vous en conjure, voilez votre tête : mère, faites-le pour*
« *vos fils ; sœur, pour vos frères ; fille, pour votre père :*
« *car,* POUR TOUS LES AGES, VOUS POUVEZ DEVENIR UNE
« OCCASION DE CHUTE. *Revêtez-vous de l'armure de la*
« *modestie, environnez-vous comme d'un rempart de res-*
« *pect de vous-mêmes ;* ÉLEVEZ AUTOUR DE VOS PERSONNES
« UNE MURAILLE DE PUDEUR *que ne puisse franchir ni vos*
« *propres regards, ni les regards d'autrui* (1). »

---

(1) Tertull., de Velam. cap. 16.

*

La lettre de Sa Sainteté a été parfaitement accueillie dans la ville de Rome. *Un certain nombre de dames chrétiennes se sont entendues* afin d'entrer dans les intentions du Père commun des fidèles ; elles ont fait appel aux autres personnes qui composent la société romaine et ont commencé à former

UNE CROISADE

CONTRE LA TYRANNIE DES MODES PAÏENNES.

C'est ce que nous atteste le *Messager du Cœur de Jésus*, dans le numéro d'avril de la présente année 1868.

Toutes les associations et congrégations d'*Enfants de Marie* sont invitées à en faire partie et à lutter contre l'absurde et dégradante tyrannie de ces modes païennes, qui autorisent les mondains à se rire et à se moquer des femmes *prétendues pieuses*, qui se décollettent indécemment *par vanité* et *par respect humain*, au lieu de conserver, *dans leur mise*, la fière et sainte indépendance de la modestie et de la pudeur.

Dernièrement, les deux congrégations romaines d'*En-

fants de Marie de la Trinité du Mont et de Sainte-Rufine
ont obtenu une audience de Pie IX ; 200 jeunes filles, faisant partie de ces congrégations, se sont rendues au Vatican ; le Saint-Père, en les voyant rangées sur deux lignes, aux deux côtés de son trône, s'est écrié : « Quelle belle « réunion ! Ce sont ici des zouaves d'un autre genre; ce « sont les zouaves de la prière! »

La présidente exposa ainsi le but qui les amenait près du Souverain Pontife :

« Très-saint Père ,

« Les deux congrégations des *Enfants de Marie,* réunies « dans un même désir, ont ambitionné l'honneur de se « prosterner aux pieds de Votre Sainteté , afin de venir « protester ensemble de leur dévouement filial et de leur « *parfaite docilité aux exhortations que Votre Sainteté* « *a daigné adresser à toutes les dames chrétiennes.* Nous « sommes résolues à témoigner cette soumission par « *notre modestie* et notre respect plus profond dans les « églises.... etc. »

Entre autres paroles, le Saint-Père leur dit :

« .....Tenez votre cœur toujours ouvert à l'inspiration « de Dieu..... Il m'est singulièrement agréable de vous

15

« voir accepter, comme vous le faites, les paroles insé-
« rées dans ma lettre, *par rapport à la modestie* qu'on
« doit garder *dans les églises* et AILLEURS..... La tenue
« extérieure est l'expression des sentiments intérieurs. »

Le Saint-Père insista fortement pour recommander *la
modestie dans les soirées* où elle est malheureusement
trop offensée ; et, pour indiquer la véritable cause de cet
abus, il ne dédaigna pas de raconter une anecdote, re-
montant aux premiers temps de son cardinalat :

« J'avais une visite à faire à un grand seigneur de la
« diplomatie. Sa femme, très-considérée dans Rome, me
« reçut avec d'autant plus de politesse, que je l'avais pré-
« venue ; la voyant si bien disposée, je crus l'occasion
« favorable pour lui insinuer le bien qu'elle pourrait faire
« par ses exhortations et ses exemples, si elle s'efforçait
« de persuader *aux dames de la société d'adopter une mise
« convenable et modeste.* » — « Hélas ! Eminence, me ré-
« pondit-elle, le nombre de celles à qui cet avis serait
« utile est bien grand ! La plupart des femmes se laissent
« entraîner par *la vanité et le respect humain.* » — « Voilà
« les deux grands ennemis de la modestie, continua le
« Saint-Père ; il faut mépriser la première et vaincre le
« second, et c'est votre ouvrage à vous, mes filles. La
« valeur que vous avez devant Dieu est celle que vous

« donnent vos œuvres. Les paroles des plus zélés prédi-
« cateurs produiront peu d'effet, si vous ne leur prêtez
« votre concours. Mais *vous pouvez tout pour la grande
« cause de la modestie*, si vous mettez en action les moyens
« qui sont à votre disposition : *les paroles insinuantes et*
« *l'exemple.* »

La voix du Souverain Pontife était émue, elle pénétrait
les cœurs ; il s'en aperçut ; et, levant les mains, il les
étendit sur ces 200 enfants de Marie et les bénit une dernière fois.

(D'après le *Messager du Cœur de Jésus*.)

Dans toutes nos villes de France, c'est aux MÈRES
CHRÉTIENNES qu'il appartient de provoquer UNE
CROISADE SÉRIEUSE CONTRE LA TYRANNIE DES MODES
PAÏENNES, au lieu de les favoriser et de les encou-
rager par faiblesse, et peut-être aussi par une
inexplicable mais bien réelle vanité.

DEUXIÈME APPENDICE

—

Le but principal de notre livre était de donner aux dames et aux mères chrétiennes les moyens de remplir les devoirs que Dieu leur impose, soit par rapport à elles-mêmes personnellement, soit à l'égard de toutes les personnes qui composent leur maison, nous avons cru qu'il était important de tracer ici quelques règles sur le choix des livres d'*instruction* ou d'*agrément* à introduire dans les familles, désireuses de ne pas s'écarter de l'esprit du christianisme.

DES ÉTUDES ET DES LECTURES
DANS LES FAMILLES CHRÉTIENNES.

I. — DE LA CONNAISSANCE DES LIVRES.

Madame de Bussières avait trouvé dans la maison de

son père une bibliothèque nombreuse, composée de livres bien choisis, et traitant de toutes les matières qui peuvent intéresser un esprit avide de s'instruire. Elle ne lisait du reste que ceux qui lui étaient remis par son bon père ou par sa respectable mère.

Aujourd'hui beaucoup de maisons n'ont pas de bibliothèques particulières ; mais personne n'est embarrassé pour se procurer des livres de lecture, puisque des bibliothèques populaires se fondent dans toutes les villes et jusque dans les plus petits villages.

Mais il importerait singulièrement au bien moral de la société que ces livres fussent choisis avec intelligence et un grand discernement, et que jamais on n'en introduisît un seul qui pût être dangereux pour la foi ou pour les mœurs. Hélas ! il est loin d'en être toujours ainsi. Souvent on achète des livres sans les connaître, et l'ivraie se trouve mêlée au bon grain. On est induit en erreur par le titre des ouvrages, ou par la recommandation d'écrivains ou de journaux fort suspects en matière de religion. L'Académie Française elle-même a couronné quelquefois des livres qui n'étaient pas exempts de maximes impies ou qui professaient une morale fort relâchée.

Les mères de famille ont donc le plus grand intérêt à être renseignées sur *l'esprit*, *l'orthodoxie* et *la moralité* des ouvrages religieux , scientifiques et littéraires qui sont annoncés dans les journaux ou inscrits sur les catalogues des libraires et des bibliothèques populaires.

Dans l'intention de les éclairer et de les guider dans le choix de ceux qu'elles pourraient *ou emprunter ou acheter,* pour l'usage de leurs enfants et de tous les membres de leur famille, nous avions, depuis quelque temps déjà, rédigé un catalogue assez étendu, lorsque tout dernièrement nous avons eu connaissance de plusieurs publications qui, se proposant un but identique au nôtre, nous dispensent par conséquent de publier ce que nous avions nousmême préparé. Voici les titres de quelques volumes que les dames du monde et les mères chrétiennes devront se procurer le plus tôt possible, comme *ouvrages fondamentaux* pour le plus grand bien de leur maison :

1. PLAN D'ÉTUDES ET DE LECTURES, par le P. Marin de Boylesve, de la Compagnie de Jésus, 2ᵉ édition, in-18, de 116 pages. Prix : 80 c., chez Albanel, à Paris.

Les principales productions de l'esprit humain y sont jugées au point de vue religieux , moral et littéraire.

Ce plan d'études, et celui beaucoup plus complet de Mgʳ Dupanloup, seront sans doute bien goûtés et appréciés par les chefs de famille, et par les jeunes gens qui ont terminé leurs études classiques, et à qui leur position dans la société laisse de nombreux loisirs. Ils y trouveront tous un préservatif contre les mauvaises lectures. — Les mères chrétiennes pourront être rassurées en voyant tous les membres de leur famille suivre des guides aussi éclairés.

2. LETTRES AUX HOMMES DU MONDE sur les études qui leur conviennent, par Mgr Dupanloup, évêque d'Orléans, un fort vol. in-8°, chez Douniol (6 fr.).

Outre l'indication des livres qui entrent dans le plan d'études tracé par Mgr Dupanloup, on trouve, pages 571-594, un *Catalogue complet* de livres de tout genre et dont on peut recommander la lecture avec confiance; — puis un opuscule intitulé *quelques conseils aux femmes chrétiennes* qui vivent dans le monde, sur le travail intellectuel qui leur convient.

3. *L'Esprit de l'éducation*, par l'abbé Beeseau, 2e édit., in-12, chez Douniol (2 fr. 50 c.).

4. *De l'Education*, par Mgr Dupanloup, 3 vol. in-8° ou in-12, chez Douniol.

5. *De la haute Education intellectuelle*, par le même, 3 vol. in-8°, Douniol (21 fr.).

6. *L'Education des filles*, par Fénelon. In-18 (1 fr. 50).

Voilà les ouvrages dont nous regardons l'acquisition, ou du moins la lecture, comme indispensable à toute famille chrétienne qui tient un certain rang dans la société, et ne veut pas en décheoir sous le rapport religieux et intellectuel.

Quant aux nouveaux ouvrages qui pourraient paraître

successivement, les dames et les mères chrétiennes trouveront des *appréciations sûres et orthodoxes* dans les revues et les journaux suivants :

Le Correspondant, paraissant deux fois le mois, chez Douniol (35 fr. par an).

Études religieuses, historiques et littéraires, par les Pères de la Compagnie de Jésus, chez Albanel (15 francs par an).

Bibliographie catholique, revue critique des ouvrages nouveaux (15 fr. par an), chez M. l'abbé Duplessis.

Revue des Questions historiques, chez Palmé (20 fr. par an).

Revue du Monde catholique, chez Palmé (25 fr. par an).

Revue bibliographique et littéraire (6 fr. par an), chez Wattelier.

Le Contemporain, revue d'économie chrétienne (20 fr. par an), chez Adrien Le Clere.

La plupart de ces revues sont dans les bibliothèques publiques ; on a donc toute facilité pour les y consulter, si l'on ne juge pas à propos de s'y abonner soi-même.

Les mères chrétiennes trouveront également des comptes-rendus consciencieux de toutes les nouvelles publications dans les journaux quotidiens : l'*Union*, le *Monde*, l'*Univers*, le journal des *Villes et des Campagnes*, la

Gazette de France et aussi dans quelques journaux hebdomadaires, tels que le *Messager de la semaine*, par M. le vicomte de Melun (7 fr. par an);—le *Bulletin mensuel* des publications populaires (2 fr. par an), chez Edouard Delalain, etc., etc.

On ne s'étonnera pas que nous insistions sur ces indications, puisque d'un côté la presse malsaine, irréligieuse et même athée nous envahit de toutes parts — et que d'un autre côté il s'introduit un tel relâchement et une telle aberration dans beaucoup d'esprits, du reste bien intentionnés, que, jusque dans le boudoir des femmes réputées *innocentes* et *pieuses*, on trouve, étalés à tous les regards, des romans qui font rougir et qui pervertissent insensiblement le bon goût et les sentiments nobles et élevés.

Le chef de la famille est souvent trop absorbé par les affaires temporelles, par des travaux particuliers, par son commerce, par les obligations de sa position sociale ; — il ne trouve pas de loisir pour s'occuper de l'instruction morale et religieuse de toute sa maison. — Naturellement la mère chrétienne, qui est plus concentrée dans son intérieur, qui a des rapports constants avec ses enfants, qui comprend mieux la nécessité de les instruire et de les préserver de la contagion, cherchera à s'éclairer elle-

même pour faire profiter son entourage de ses études et
de ses connaissances littéraires et bibliographiques.

II. — DE L'ÉTUDE DE LA RELIGION PAR LES DAMES DU MONDE

ET LES MÈRES CHRÉTIENNES.

« Pour ce qui est de l'étude de la doctrine que la religion nous enseigne et qui est l'objet de notre foi ou la
règle de notre conduite, c'est l'étude de tout notre vie. »
Ainsi s'exprimait l'illustre chancelier d'Aguesseau dans le
XVIIe siècle, alors que l'enseignement religieux était donné
partout dans toute sa plénitude et dans tout son déve-
loppement.

Aujourd'hui on peut, sons que personne ait le droit de
s'en offenser, poser en thèse générale que, dans un grand
nombre de familles, la science de la religion laisse singulièrement à désirer.

De là tant de préjugés, tant de faux jugements sur les
matières qui ont rapport à la religion. (Or qui ne sait que
la religion se mêle (1) à presque toutes les questions qui
s'agitent dans le monde?)

De là une manière habituelle de penser et d'agir qui est

____

(1) Omnia moventur religione.

loin d'être en harmonie avec la doctrine de l'Evangile et les enseignements de l'Eglise.

L'instruction religieuse que, pendant les années de la jeunesse, on a pu recevoir soit dans les catéchismes soit dans les maisons d'éducation les mieux dirigées, quelque soignée, quelque développée qu'elle ait été, doit être regardée comme fort imparfaite. Probablement les élèves, même les plus intelligents, n'en ont pas saisi l'ensemble et l'enchaînement. Il ne leur en est resté ni de bien vives lumières pour éclairer leur esprit, ni des principes certains pour régler leur conduite.

Il est donc très-utile à tout le monde, lorsque l'âge de maturité est arrivé, de recommencer un cours complet de religion.

Mais pour refaire ce nouveau cours de religion, même très-restreint, il faut avoir *chez soi et à soi* quelques livres fondamentaux, qui traitent des dogmes catholiques et expliquent, avec quelque developpement, la vraie morale de l'Évangile, et son application à la conduite de la vie.

D'ordinaire, la bibliothèque des nouveaux époux se compose seulement de quatre ou cinq volumes : un *Paroissien* ou *Eucologe*. — une *Imitation* de N.-S. J.-C., — le recueil de prières de Mme de Flavigny, — l'*Introduction à la vie dévote* de saint François de Sales.

C'est sans doute quelque chose. On a ainsi un livre d'offices, et trois ou quatre petits volumes de lectures spirituelles ou de méditations.

Mais cela ne suffit pas et ne répond pas assez aux besoins réels d'une famille qui désire s'instruire.

Il faut y ajouter quelques autres ouvrages que nous regardons comme indispensables. Afin qu'on puisse se les procurer facilement, nous en indiquerons le prix vénal, ainsi que les noms des libraires-éditeurs :

1. Le Catéchisme du diocèse, in-18 (50 c.). — Goffiné, ou Manuel pour la sanctification des dimanches et fêtes, in-18, chez Laroche (3 fr.).

2. Explication historique, dogmatique, morale, liturgique et canonique du CATÉCHISME, par Guillois, 4 vol. in-12, chez Wattelier, ou 4 vol. in-8°, Laroche (12 fr.).

3. Explication de la messe, par Mgr Lecourtier, 1 vol. Lecoffre (2 fr. 50).— Des Évangiles, par Bautain.

4. Vie de N.-S. J.-C., d'après la concorde, avec introduction, par Wallon, in-12, chez Hachette (3 fr. 50).

5. Le Nouveau Testament, traduit par Gaume, avec introduction et notes, 2 vol. in-12, Gaume (7 fr.).

6. L'Évangile expliqué et défendu, par Dehaut. 3 vol. in-12, Lethielleux (édit. pour les gens du monde).

7. Réponses aux objections les plus répandues, par le

P. Franco, 2 vol. in-12, Laroche (3 fr. 50).—Id., par Mgr de Ségur, in-18, Tolra (60 c.).

8. Histoire de la Religion, par Lhomond, in-12 (1 fr.).

9. Histoire de l'Eglise d'après Lhomond, complétée jusqu'à Pie IX, par l'abbé Postel, in-18 jésus, 3e édition, Adrien Le Clere (3 fr.).

10. Doctrine chrétienne, par Lhomond, in-12, Lecoffre (1 fr.).

11. L'Homme-Dieu, par Besson, in-12, Bray (3 fr.)

12. L'Eglise, œuvre de l'Homme-Dieu, par Besson, in-12, Bray (3 fr.).

13. Le Christianisme dans l'ensemble de ses preuves, par Baguenault de Puchesse, in-12, Douniol (3 fr. 50).

14. Quelques opuscules choisis de Mgr de Ségur (Tolra).

15. Méditations, par le P. Bouhours, in-18, Sarlit (15 c.).—16. Méditations de Fénelon, in-18, Sarlit (15 c.).

17. Nouveau manuel des mères chrétiennes, par le R. P. Théodore Ratisbonne, in-18, Poussielgue (2 fr. 50).

Nota. Tous les ouvrages ci-dessus désignés peuvent servir de livres de méditations et de lectures méditées.

Les ouvrages que nous venons d'indiquer pour une *étude première*, *sommaire* et cependant *complète* sur l'ensemble de la religion, devraient, selon nous, être toujours donnés par toute *mère chrétienne* au moment où une de ses filles est sur le point d'entrer dans l'état du mariage. — Ces livres, auxquels on n'oublierait pas de joindre UN CRUCIFIX (1), formeraient UNE PARTIE INTÉGRANTE DU TROUSSEAU de la nouvelle épouse. La dépense ne dépasserait pas une cinquantaine de francs.—Notre idée pourra peut-être paraître nouvelle, étrange même. Nous répondrons qu'elle est, avant tout, chrétienne, et qu'il est étonnant qu'on ne l'ait pas déjà émise et propagée.

III. — DU TEMPS A CONSACRER A L'ÉTUDE DE LA RELIGION ET AUX EXERCICES DE PIÉTÉ.

La plupart des dames du monde, surtout si elles ont pris l'habitude, si hygiénique, de se lever matin, et de ne pas se coucher trop tard, ont certainement chaque jour plusieurs heures dont elles peuvent disposer librement.

Ce ne serait pas, ce semble, chose exorbitante de demander à une dame, à une mère chrétienne de se réserver constamment sur son temps libre, *d'abord* une demi-heure pour les exercices essentiels de piété, tels que la méditation et une courte lecture pieuse. C'est là le pain quotidien

----

(1) On trouvera des crucifix artistement travaillés, et à tout prix et de toute dimension, chez Bouasse-Lebel, rue Saint-Sulpice, à Paris.

de toute âme qui a le désir de marcher, sans craindre la défaillance, dans le chemin de la perfection.

En outre, une dame chrétienne qui a de la bonne volonté et de l'ordre, qui s'est fait un règlement écrit pour l'emploi de son temps, trouvera bien encore *une heure*, surtout dans la matinée, pour la consacrer à la lecture attentive et suivie *d'un cours d'instruction religieuse*, tel que nous venons d'en indiquer les éléments et les matériaux dans le § IIe.

Il est évident qu'on devra s'attacher d'abord à un seul ouvrage, et que ce n'est qu'après l'avoir lu et relu de manière à en rendre compte à soi-même et aux autres, qu'on passera à un autre volume, jusqu'à ce qu'on ait achevé de lire tous les livres affectés à ce premier degré d'instruction religieuse élémentaire, travail qui demande au moins deux années d'application.—Après quoi on aura recours au plan d'études de Mgr Dupanloup ou du P. Marin de Boylesve, pour approfondir et étendre davantage ses connaissances religieuses, historiques et littéraires.

IV. — LIVRES SPÉCIAUX POUR LES DAMES ET LES MÈRES CHRÉTIENNES.

On pourra s'en procurer ou en lire un nouveau chaque année.

La Chrétienne de nos jours, par l'abbé Bautain, y compris une conversion, 3 vol. in-18, Hachette (8 fr.).

Le Chrétien de nos jours, par l'abbé Bautain, 2 vol. in-18, Hachette (7 fr.).

Retraite pour les Dames, par Mgr Lecourtier, évêque de Montpellier, in-18, chez Lesort (3 fr.).

Les petites Vertus ou le salut rendu facile à tous, par l'abbé Ozanam, in-18, Palmé (2 fr.).

De l'intelligence et du gouvernement de la Vie. Conférences aux Dames, par Mgr Mermillod, in-12, chez Bauchu (3 fr. 50 c.).

De la Vie surnaturelle dans les âmes. Conférences prêchées aux Dames, par Mgr Mermillod, in-12, chez Bauchu (3 fr. 50 c.).

La Piété et le Monde. Retraite aux Dames de Bordeaux, par l'abbé Rouquette, chez Girard, in-12 (3 fr. 50 c.).

Madame de Bussières ou la Vie chrétienne et charitable au milieu du monde, par Henri Congnet. Lethielleux, seconde édition, in-12 (2 fr. 50 c.).

Mission et devoirs de la Femme chrétienne au sein de la société, par l'abbé Ozanam, in-12, Poussielgue (3 fr.).

Conférences aux Dames du monde sur l'humilité et les lectures, par Mgr Landriot, archevêque de Reims, 2 vol. in-12, chez Palmé (5 fr.).

Conférences aux Dames sur les béatitudes évangéliques, par Mgr Landriot, 2 vol. in-12, Palmé (7 fr.).

La Femme forte et la Femme pieuse, par Mgr Landriot, 3 vol. in-12, Palmé (10 fr. 50 c.).

Promenade autour de mon jardin, par Mgr Landriot, in-12, Palmé (3 fr. 50 c.).

Vie de sainte Monique, par l'abbé Bougaud, in-8°, Poussielgue (6 fr.).

Vie de sainte Chantal, par Bougaud, 2 vol. in-12 (7 fr.).

Vie de sainte Paule, par l'abbé Delagrange, in-8° (6 fr.).

La femme comme il la faut, par Marchal, in-18, Ruffet (2 fr.).

Le directoire de la femme chrétienne, par l'abbé Brucelle, in-18, Lecoffre (2 fr.).

Vie chrétienne d'une dame dans le monde, par le P. de Ravignan, in-12, Lesort (3 fr.).

La belle saison à la campagne, par l'abbé Bautain, Hachette, in-18 (3 fr. 50).

Madame Swetchine, sa vie et ses œuvres, chez Vaton (plusieurs volumes in-12 à 3 fr. 50 c.).

Vie de N.-S. J.-C., par l'abbé Darras, 2 vol. in-8°, Vivès (7 fr.).—Id., par le P. Deligny.—Id., par l'abbé Pauvert.

FIN DES APPENDICES.

TABLE ANALYTIQUE DES CHAPITRES

CHAPITRE PREMIER.—Portrait de la femme forte, tiré du livre
des Proverbes 1

CHAPITRE DEUXIÈME.— Naissance, jeunesse et éducation de
Melle de Pouilly. 3-40

I. Mariage de M. de Pouilly dans une maison particulière.— Naissance de Melle Élisa de Pouilly.

II. Adolescence de Melle de Pouilly. Sa première communion, sa confirmation.

III. Sa jeunesse. — Le tutoiement banni de la maison.
— Son éducation.—Sa pétulance.

IV. Son cours d'études. — Ses directeurs successifs,
l'abbé Formantin, l'abbé Ruellan. — Ses livres d'é-
tudes.—Ne lisait pas de romans.—Manière de lire un

désir trop égoïste de ne pas s'en séparer.—Le précepte
divin : l'homme quittera son père et sa mère pour
s'attacher à sa femme. — Ce qu'étaient les militaires
et les officiers pendant la première époque de la Restauration.—Le capitaine de Bussières est admis à fréquenter la maison.

III. Comment Melle de Pouilly se prépare au sacrement
de mariage.—Elle redouble ses prières ; interroge sa
mère ; fait des lectures analogues à l'état qu'elle veut
embrasser ; médite la messe du mariage et y entre-
voit ses devoirs.

IV. Célébration du mariage.— Prières liturgiques.

I. Les deux époux n'ont ni les mêmes sentiments religieux , ni les mêmes goûts , ni les mêmes appréciations en politique , et néanmoins l'accord parfait
règne dans le ménage.— Causes de cet heureux résultat : concessions mutuelles faites de bonne grâce,
sans faire néanmoins disparaître les difficultés de la
situation.

II. Naissance d'une fille.— Les jeunes époux n'habitent
pas avec leurs pères et mères ; motifs de cette séparation — Naissance de Cécile. Sa mère la nourrit.—
Les relevailles. -- La première notion de Dieu. -- La
grandeur de la maternité ; conséquences à en tirer.
--Premiers principes d'éducation.

FIN DE LA TABLE.

Douai. — Imp. Dechristé, rue Jean-de-Bologne.

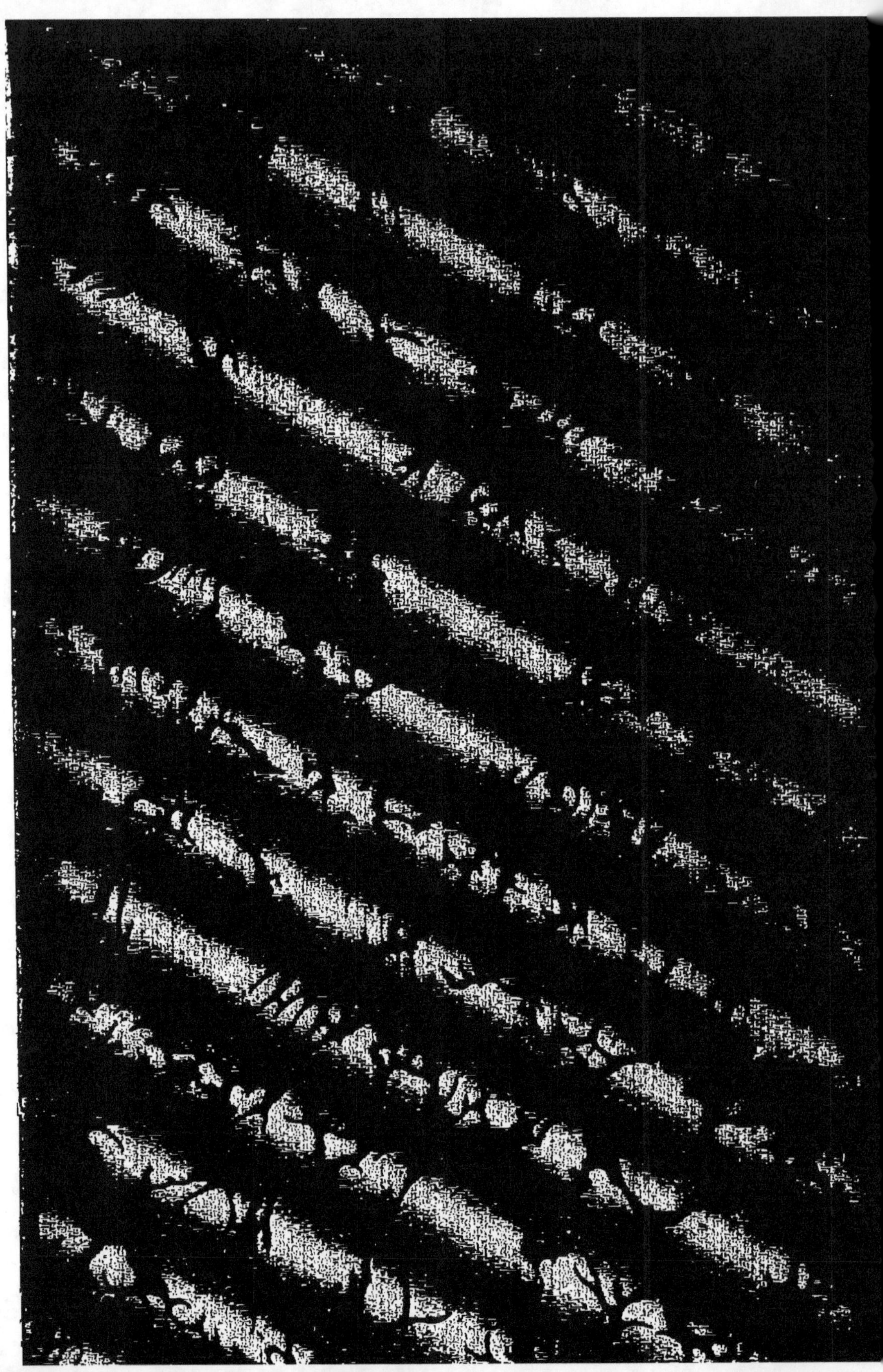

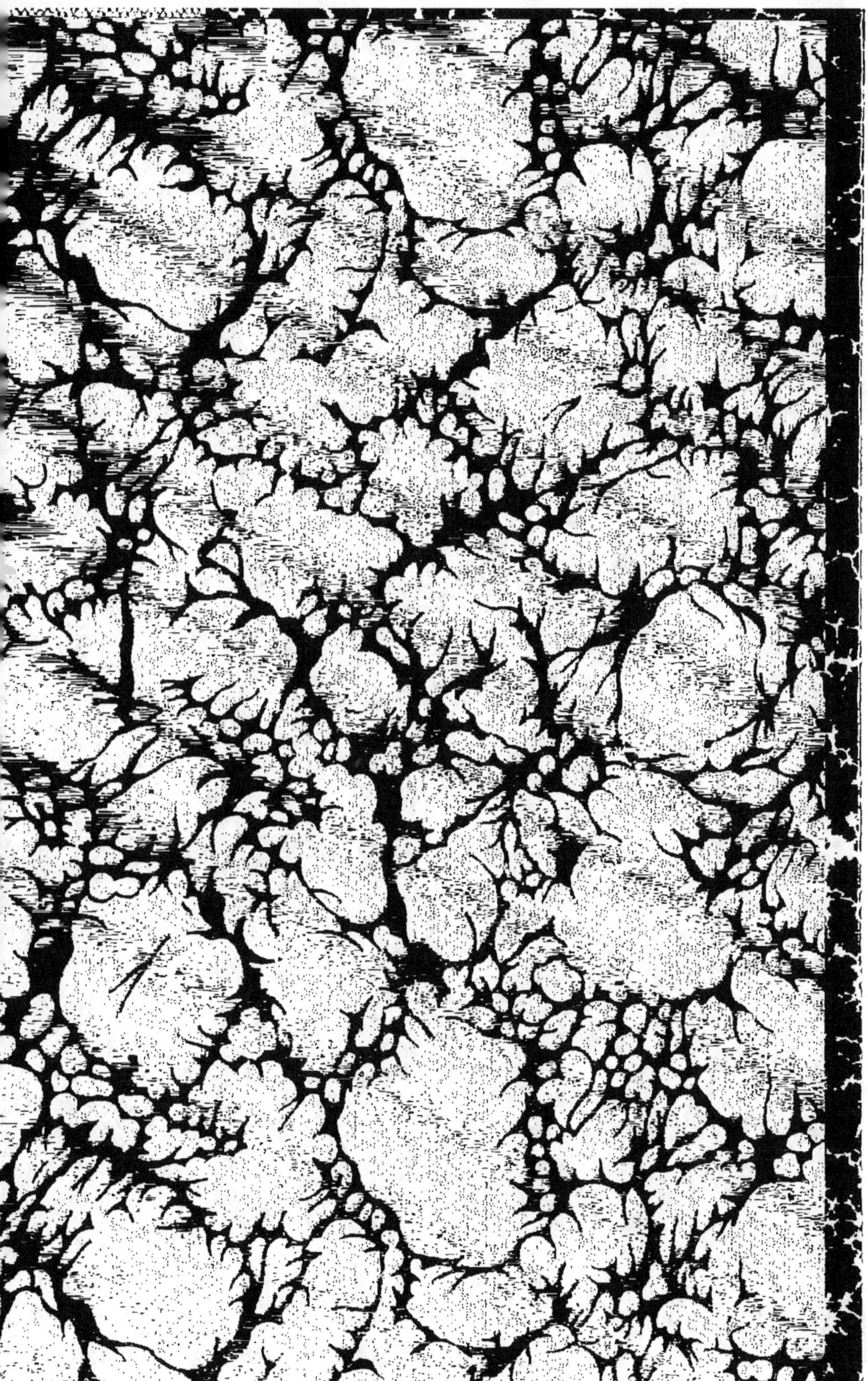

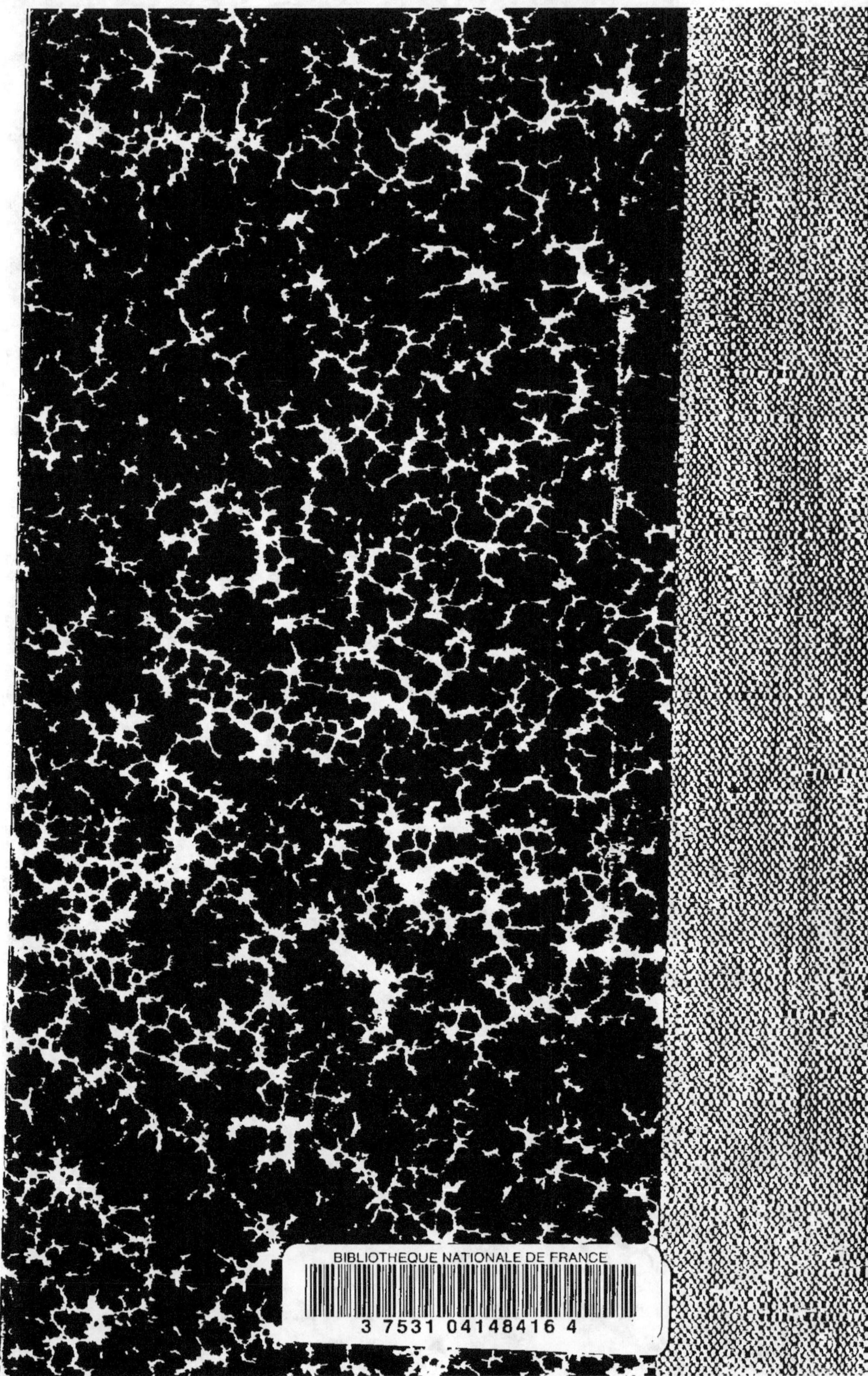

9 782012 870741